DÉCISIONS

DU TRIBUNAL

DE CASSATION.

DÉCISIONS
DU TRIBUNAL
DE CASSATION,

CONTENUES AU BULLETIN DES JUGEMENS
DE CE TRIBUNAL,

Années 7, 8, 9 et 10,

MATIÈRES CIVILES,

RANGÉES PAR ORDRE ALPHABÉTIQUE;

SUIVIES

D'UNE TABLE CHRONOLOGIQUE

DES LOIS QUI ONT MOTIVÉ CES DÉCISIONS.

PAR LE CIT. LEVASSEUR,

ANCIEN JURISCONSULTE.

SE TROUVE A PARIS,

Au Bureau du JOURNAL DU PALAIS, rue et vis-à-vis
l'Hôtel des Deux-Écus, N°. 463.

Et chez N. RENAUDIERE, Imprimeur, rue des Prouvaires,
N°. 564.

GERMINAL AN XI.

PRÉFACE.

Les Juges, les Avoués, les Défenseurs-Officieux, tous les Jurisconsultes connaissent l'estime singulière, que mérite le bulletin des jugemens du tribunal de cassation, tant par son objet que par la scrupuleuse exactitude avec laquelle il est rédigé.

Cet Ouvrage, généralement répandu, n'est pas aussi utile qu'il pourrait l'être, à défaut de table qui puisse aider à retrouver les jugemens rendus sur tel ou tel objet. Nous offrons au public les décisions résultantes de ses jugemens civils, pendant les années 7, 8, 9 et 10, rangées par ordre alphabétique.

Nous avions pensé d'abord à entreprendre pareil travail, pour tous les jugemens du tribunal de cassation, tant au civil qu'au criminel, compris tant au bulletin que dans les états précédens, qui remontent à la formation du tribunal : mais réflexion faite, nous avons cru devoir changer notre plan.

La réunion dans une seule table des parties civile

et criminelle serait utile à peu de personnes ; on s'applique, suivant sa place, à l'une ou à l'autre des deux parties. Le nombre de ceux qui s'adonnent à la partie civile étant plus considérable, il a été naturel de s'en occuper d'abord. Quant aux jugemens compris dans les états antérieurs au bulletin, le travail ébauché, nous avons bientôt reconnu qu'au moyen des changemens successivement survenus dans la législation, la connaissance du plus grand nombre n'avait plus maintenant (an 11) d'utilité réelle. Ces raisons nous ont déterminés à restraindre la table projettée, aux jugemens civils du bulletin.

Nous nous sommes appliqués à saisir le point ou les points de difficulté décidés par chacun des jugemens, et à les énoncer dans des phrases concises : souvent, nous avons employé les propres termes du considérant.

Le mot principal de chaque article est toujours placé le premier et imprimé en petites capitales : lorsque le même mot contient plusieurs articles, nous les avons rangés dans un ordre sous-alphabétique d'objets secondaires, imprimés en lettres *italiques* : quant aux autres mots qui ne contiennent qu'un ou deux articles, nous avons fait mettre en *italique* l'objet particulier de la décision.

Aux décisions rangées par ordre alphabétique de matières, nous avons cru devoir ajouter une table chronologique des lois (avec indication des articles) citées dans les différens jugemens comme fondement de la décision. On se rappelle souvent un jugement dont on a oublié la date, relatif à telle loi, ou à tel article de telle loi; on n'a conservé qu'une idée confuse de sa décision : la table chronologique servira à le retrouver.

Nous avons mis le plus grand soin dans l'exactitude des renvois. Ils contiennent 5 indications : si, malgré la vérification que nous en avons faite, et sur le manuscrit avant l'impression, et sur l'imprimé à la correction des épreuves, il s'était glissé faute sur l'une d'entr'elles, l'exactitude des autres suffirait pour guider dans la recherche.

DÉCISIONS

D U

TRIBUNAL DE CASSATION,

Contenues au Bulletin des jugemens civils de ce tribunal, années 7, 8, 9 et 10, rangées par ordre alphabétique.

Nota. Les renvois contiennent cinq indications : les trois premières donnent la date par an, jour et mois du jugement qui contient la décision indiquée ; suit le N.. d'ordre sous lequel est rangé le jugement ; enfin la page ou on le trouvera.

A.

ABUS DE POUVOIR reproché aux membres des *comités civils*, est un fait purement *administratif*, dont les tribunaux ne peuvent connaître ; 7. 25 ger 135 p 314.

ACCENSEMENT, (l'acte d') moyennant une redevance annuelle emportant lods et ventes, et droit de retenue fait par le ci-devant seigneur, au profit de celui qui par le même acte venait de lui vendre les terres accensées, est nul quant à la clause de *féodalité* : il est valable quant à la *redevance* représentative des intérêts du prix ; 7. 15 flor 146 p 338.

ACQUÉREUR d'un immeuble qui, en conformité de l'édit de 1771, s'est soumis à fournir la *surenchère* mise à l'immeuble par des créanciers opposans, ne peut exercer à la date de son contrat l'*hypothèque* pour l'indemnité qui lui est due par son vendeur, au préjudice des créanciers *chirographaires* opposans du même vendeur ; 10. 2 vent 70 p 196.

ACQUÉREURS (en pays de droit écrit dans le *concours* de deux ventes du même bien par la même personne, le bien doit être laissé à celui des *deux*) qui le premier a été mis en *possession*, quand même son acquisition serait la seconde ; 7. 5 prair 156 p 362.

ACQUIESCEMENT (lorsque le plaideur qui poursuit l'exécution en un chef d'un jugement de première instance, avec réserve dans le premier acte de poursuite de se pourvoir contre d'autres chefs qui lui font préjudice, le défaut de réserve dans les actes subséquens de la procédure, ne peut lui être opposé comme) au jugement de première instance; 10. 4 prair 125 p 378.

ACQUITS A CAUTION. (Le juge-de-paix ne peut connaître en *dernier ressort* du rapport des) ; 10. 2 therm 158 p 459.

ACTION CIVILE, (les tribunaux civils ne peuvent en matière de délits prononcer sur l') , jusqu'à ce qu'il ait été statué définitivement sur l'*action publique* ; 7. 22 mess 187 p 432.

ADJUDICATAIRE (l') d'un *bien national* qui faute de paiement vient à encourir la *déchéance*, n'en doit pas moins le droit d'enregistrement de son adjudication ; 10. 24 vent 85 p 238.

ADMINISTRATEURS, (les tribunaux ne peuvent connaître des dépenses ordonnées par les) en leurs qualités d'administrateurs; 9. 3 messid 91 p 237 ; 9. 14 messid 103 p 269 ; — ni du paiement d'ouvrages par eux commandés pour le compte d'une commune; 9. 2 flor 62 p 159.

actes ADMINISTRATIFS. (Les tribunaux ne peuvent connaître des) En conséquence ils ne peuvent prononcer sur la *restitution* d'effets compris dans un *inventaire* fait par ordre de l'autorité administrative ; 7. 21 flor 148 p 342 ; — ni de la validité d'un *remboursement* fait pendant le *séquestre*, avec l'autorisation de corps administratifs; 7. 16 flor 147 p 340.

corps ADMINISTRATIFS (c'est aux) à connaître de la *compen-*

sation opposée à la république contre la dette résultante d'une adjudication de bois *nationaux* ; 7. 17 therm 201 p 466.

réglemens ADMINISTRATIFS (les tribunaux ne peuvent refuser de se conformer aux) faits par l'autorité des consuls ; 10. 1 flor 108 p 299.

autorité ADMINISTRATIVE. (On ne peut demander la restitution d'effets à celui qui s'en est d'abord saisi, puis dessaisi, par ordre de l') ; 10. 21 flor 119 p 326.

matières ADMINISTRATIVES (les tribunaux ne peuvent connaître des) : notamment de la *contrainte par corps* contre les *percepteurs d'imposition* ; 7. 24 vend 23 p 49 : —ni de la somme due au *garnisaire* par eux etabli chez le contribuable; 7. frim 55 p 124.

ADULTERIN (l'enfant naturel , né dans l'intervalle de la demande à la prononciation du *divorce*, est bâtard) ; 9. 5 niv 29 p 60.

AFFIRMATION (lorsque le défendeur condamné sur deux chefs, prête l') a lui référée sur l'un des deux , pareille affirmation n'empêche pas qu'il ne soit par la suite recevable à interjetter *appel* du jugement quant à l'autre chef; 8. 22 flor 101 p 321.

AFFIRMATION (l') du procès-verbal de *saisie* de marchandises , qui par mesure de sureté sont transportées à un bureau éloigné du lieu de la saisie , est régulièrement faite devant le juge de paix du *bureau*, quoiqu'il ne soit pas le juge de paix qui connaisse de la saisie ; 8. 28 niv 52 p 116.

ALIMENS (la loi du 12 brumaire an 2 ne règle pas les demandes en) sur les successions , ouvertes avant le 14 juillet 1789; 8. 14 therm 126 p 283.

AMENDE (la condamnation à l') pour appel mal fondé ne peut s'étendre au cas, dans lequel le tribunal déclare n'y avoir lieu à statuer sur l'appel ; 7. 16 ger 126 p 295.

AMENDE (en cas d'*exportation* du numéraire contre la défense de la loi , il y a toujours lieu à l') ; 10. 12 prair 135 p 394.

(4)

AMENDES (les *tribunaux* ne peuvent accorder remise ni modération des) prononcées par la loi ; 7. 12 pluv 94 p 221.

AMENDES (le tribunal de police ne peut ordonner que les) par lui prononcées seront versées en la caisse de la municipalité ; 10. 13 vent 86 p 241.

ANGLAISES (les lois sur les marchandises) ne peuvent s'appliquer à celles chargées sur des bâtimens *avant* la confection de la *loi* ; 7. 6 prair 157 p 364.

réputées ANGLAISES (les dispositions de la loi du 29 nivose an 6 relativement aux marchandises reconnues provenir d'Angleterre ne peuvent s'appliquer aux marchandises) par la loi du 10 brumaire an 5 ; 7. 6 prair 157 p 364 ; 8. 11 vend 4 p 10.

ANNULLER (il y a lieu d') le jugement qui admet des moyens de *requête civile* mal fondés ; 9. 15 prair 86 p 222 : — ou dépendans de *faits inexacts* ; 8. 4 fruct 135 p 307 : — rendu sur une *question douteuse* qui peut se résoudre de deux manières différentes, lorsque dans l'un et l'autre systême, il se trouverait en contradiction avec la loi ; 8. 21 ther 128 p 287.

ANTICIPATION (on doit déclarer nulles les reconnaissances de payement dans les *neuf départemens réunis*, que par) sur l'an 4, les *fermiers* ont faites aux ci-devant religieux, privés de la jouissance de leurs biens ; 7. 1er. vent 105 p 243 ; 7. 29 vent 123 p 289 ; 7. 24 ger 132 p 309 ; 7. 24 ger 134 p 313 ; 7. 1er. mess 172 p 396 ; 7. 14 mess 180 p 416 ; 7. 14 mess 181 p 418 ; 7. 16 mess 183 p 422.

ANTICIPATION (sont nuls tous payemens de fermages pour l'an 4, de biens ecclésiastiques de la Belgique, faits par) de l'échéance, quoique la récolte relative fût déjà faite ; 10. 26 mess 155 p 450.

APPEL (l'*acquiescement* de l'une des parties au jugement de première instance, n'empêche pas que les autres ne puissent interjetter) du même jugement ; 10. 13 niv 47 p 137. — L'ac-

quiescement de l'ayant cause ne peut être opposé , à celui dont il tient les droits ; *ibid.*

APPEL (lorsqu'un jugement de première instance a été *annullé* par un décret depuis *rapporté,* son) doit être porté devant les mêmes juges, que s'il n'avait jamais été annullé ; 10. 15 flor 115 p 316.

APPEL des jugemens rendus par les *ci-devant justices seigneuriales* , n'a pu être jugé par les tribunaux de district qu'au nombre de quatre juges ; 9. 12 vent 44 p 105.

APPEL (les nouveaux tribunaux ne peuvent connaître qu'à la charge de l') des contestations pendantes en première instance devant les *ci-devant parlemens* et autres cours supérieures ; 8. 23 fruct 138 p 318 ; 9. 25 pluv 39 p 89.

APPEL (tout jugement qui statue sur une question de *compétence* , est un jugement définif dont l') est recevable ; 10. 11 germ 94 p 265.

APPEL (les plus forts contribuables désignés pour payer le montant de la condamnation prononcée contre une *commune* , sont non-recevables à interjetter de leur chef) du jugement : cet appel doit être interjetté au nom de la commune entière ; 7. 12 ther 197 p 456.

APPEL (l'intimé, qui avant le tems pendant lequel on peut le citer sur l'appel anticipé , est non-recevable à demander la *déchéance* de l') dont l'appelant était encore à tems de réparer le vice , lorsque par l'exploit d'anticipation il n'a pas énoncé l'intention de demander la déchéance ; 7. 5 prair 155 p. 360.

APPEL (l') d'un jugement par *défaut* est recevable, sans être tenu de se pourvoir par opposition ; 9. 12 vend 2 p 3.

APPEL (le tribunal devant lequel est porté l') d'un jugement qui a déclaré non-recevable, l'opposition à un précédent jugement rendu par *défaut,* ne peut connaître du fonds de la contestation ; 10. 3 brum 17 p 43.

Appel (le jugement de première instance qui rejette une exception , est un jugement *définitif* dont l') est recevable ; 10. 2 ger 91 p 258.

Appel (lorsque le même jugement contient une disposition *définitive* et une disposition préparatoire , cette circonstance n'empêche pas qu'on ne puisse interjetter) de la disposition définitive; 10. 23 frim 37 p 98.

Appel (on ne peut recevoir l') d'un jugement de première instance , qualifié en *dernier ressort* ; 10. 1er. niv 40 p 106.

Appel (l') ne peut être déclaré *désert* lorsque les deux parties plaident sur le fonds; 8. 26 vend 12 p 27 ; l'appel non réservé dans les trois mois doit être déclaré désert ; 7. 13 therm 199 p 462.

Appel (en matières de *douanes* , on peut interjetter) d'un jugement par défaut rendu en la justice de paix ; 10. 7 flor 11 p 307. — Les trois jours pour citer sur l'appel , doivent être trois jours francs ; 9. 3 mess 92 p 240. — La déclaration du receveur qu'il se rend appellant, et qu'il ajourne à trois jours de la notification qui sera faite de son appel, remplit le vœu de la loi qui veut , que la déclaration d'appel contienne l'assignation à trois jours ; 7. 1er. mess 171 p 394.

Appel (le tribunal devant lequel est porté l') du jugement par lequel les premiers juges se sont déclarés *incompétens* , venant à infirmer le jugement , doit-il juger le fonds ? -- Oui ; 8. 26 vend 11 p 25 ; — Non ; 10. 21 brum 25 p 63 ; et 10. 11 vent 75 p 210.

Appel (l') d'un jugement *interlocutoire* n'est pas recevable avant qu'il soit intervenu un jugement sur le fonds ; 8. 1er. niv 40 p 93.

Appel (les tribunaux civils ne peuvent connaître de l') des jugemens rendus par le *Juge de paix* et ses assesseurs , par voie de police correctionnelle ; 8. 22 prair 108 p 240.

Appel (dans le choc des *lois* anciennes et des lois nouvelles sur le tems de l') , il faut s'en tenir aux nouvelles ; 9. 12 ther 120 p 310.

Appel (l'usage pratiqué au ci-devant parlement de *Normandie* de ne pas recevoir l'appel des jugemens par défaut , avant que les parties aient épuisé la voie de l'opposition de l'), ne doit plus avoir lieu sous la législation actuelle ; 9. 12 vend 2 p 3.

Appel (on ne peut recevoir l') des jugemens de la justice de paix , en matière relative au droit de *passe*, lorsque la taxe fixe , non compris le droit , n'excède pas 50 fr. ; 7. 3 flor 142 p 332.

Appel (l') des jugemens rendus par les tribunaux de *première instance* , est toujours recevable, quand le jugement ne porte pas qu'il est rendu en dernier ressort ; 8. 14 mess 117 p 262.

Appel (les juges d') ne peuvent prononcer, que sur les demandes formées en *première instance* ; 7. 3 brum 30 p 62. — On peut former sur l'appel des demandes qui ne sont que la suite et la conséquence de celles portées en *première instance* ; 10. 22 pluv 65 p 181. — On peut proposer sur l'appel, des moyens qui n'ont pas été proposés en *première instance* ; 9. 23 frim 27 p 56 ; et 10. 2 vend 1 p 1. —— Les demandes abandonnées en *première instance*, ne peuvent être reproduites sur l'appel ; 9. 12 mess 96 p 250.

Appel (la signification d'un jugement, sans *réserve de se pourvoir*, n'empêche pas que le signifiant ne puisse en interjetter), dans le cas auquel l'adversaire, à qui il le signifie , viendrait par la suite à en appeler ; 9. 12 prair 82 p 214.

Appel (le délai de trois mois pour interjetter) d'un jugement contradictoire , ne court pas du jour de la signification du jugement faite par l'appelant à l'intimé , mais du jour de la *signification* du même jugement , faite par l'intimé à l'appelant ; 7. 2 flor 140 p 327.

A**PPEL** (le défaut d'opposition au *serment suppletoire* , prêté à l'instant même du jugement par celui qui obtient gain de cause , n'empêche pas l'adversaire , présent à la prestation du serment , d'interjetter) du jugement ; 8. 21 therm 127 p 285.

A**RBITRAIRE** (le renvoi fait par le ci-devant conseil , par suite d'un jugement de cassation , n'est pas une attribution) ; 7. 6 therm 196 p 453.

A**RBITRAGE** (les *mineurs* ne peuvent pas consentir un) ; 10. 23 pluv 66 p 185.

A**RBITRAGES** F**ORCÉS** (la loi du 9 vent. an 4 ne révoque pas les) établis par les lois antérieures en matière commerciale ; 8. 13 fruct 136 p 309. — L'arbitre nommé d'office pour une partie, ne peut être celui déjà nommé pour une autre partie ; 7. 18 frim 63 p 142.

A**RBITRAL** (le *tribunal*) n'est plus complet lorsque quelques-uns de ses membres ont donné leur démission ; 9. 3 mess 90 p 235.

Décision A**RBITRALE**. — Le refus que font quelques-uns des arbitres de la signer ne la rend pas nulle , lorsqu'il est établi d'ailleurs que tous y ont coopéré ; 8. 8 vend 5 p 8. — Le défaut de signature de l'un des arbitres ne la rend pas nulle, quand il est certain que l'arbitre non signataire y a coopéré ; 9. 21 ther 122 p 316. — Elle ne peut être rendue que par tous les arbitres réunis ; 7. 18 frim 63 p 142 ; et 7. 8 fruct 204 p 475. — L'une des parties peut se rendre opposante à l'ordonnance portant homologation d'une seconde décision arbitrale , lorsque par la première les arbitres ont consommé leur mission ; 8. 5 frim 28 p 68. — La demande en nullité d'une décision arbitrale ne peut être formée , que par action principale et en première instance ; 10. 12 prair 133 p 390.

Décision A**RBITRALE** (le délai pour interjetter appel d'une), en matière de biens *communaux* , autorisé par la loi du 28 brumaire an 7 , n'est pas limité à trois mois , depuis l'arrêté de l'administration qui autorise à cet effet le commissaire du gouvernement : il est indéterminé ; 9. 4 mess 94 p 244 ; 9. 23 messid 107 p 279 ; 9. 23 mess 109 p 284 ; 9 23 mess 110 p 286 ; 9. 24 mess 114 p 294 ; 9. 14 fruct 131 p 345 ; 10. 22 ther 162 p 474.

ARBITRE (avant de procéder au *remplacement* d'un) , il faut préalablement qu'il soit mis en demeure ; 9. 1 brum 13 p 26.

ARBITRES (le juge compétent pour recevoir une *nomination* d') , est compétent pour connaître de la *récusation* des mêmes arbitres ; 7. 27 vent 120 p 282.

ARBITRES FORCÉS en matière de *commerce*. Ils tiennent leur autorité principalement de la loi ; ils ne peuvent être révoqués à volonté par les parties ; 8. 13 fruct 136 p 309. —— Ils sont des juges véritables ; *ibid.*

ARBITRES FORCÉS en matière de biens *communaux* ; ils ne peuvent procéder par eux-mêmes, aux *vérifications* qu'ils jugent nécessaires ; ils sont tenus de nommer des experts ; 7. 8 fruct 204 p 475 ; 8. 23 vent 83 p 175. — La *présence des parties* à la vérification faite par les arbitres eux-mêmes, ne peut en couvrir le vice ; 9. 1 mess 89 p 233.

ARBITRE en cas de société (on doit , nonobstant le défaut de réserve , admettre l'appel des jugemens rendus par des) en exécution de l'article 9 du titre 4 de l'ordonnance de 1673 ; 9. 21 niv 32 p 67.

ARTOIS (dans la ci-devant coutume d'), les cadets pouvaient profiter du *quint naturel* des biens féodaux à titre successif, et en outre du *quint disponible* à titre d'aumône ; 9. 12 ger 54 p 132.

ASSIGNATION (le jugement par défaut rendu avant l'échéance de l'), est nul ; 7. 2 vend 2 p 3.

ASSIGNATION sur l'appel, donnée à un domicile qui n'est ni réel ni élu, est nulle ; 7. 2 vend 2 p 3.

ASSIGNATION (le jugement sur la cause portée au rôle, prononçant que l') est comme non-avenue, faute par aucune des parties de s'être présentées, ne rend pas nulle l'*opposition* formée par le même acte que l'assignation ; 9. 12 messid 97 p 254.

ASSIGNATION donnée au tribunal de *cassation* à un individu, tant pour lui que pour son fils, est valable, lorsque le père et le fils ont toujours paru en nom collectif, tant en première instance qu'en cause d'appel ; 10. 1 g-r 89 p 252.

ASSIGNATION en matière de *douanes*. L'appelant doit la donner à trois jours francs ; 8. 14 niv 48 p 108. — Il n'est pas nécessaire qu'il y fasse mention sommaire de ses moyens d'appel ; 8. 19 frim 35 p 82.

ASSIGNATS. *Voyez* PAPIER-MONNAIE.

ASSIGNATS (les lois relatives au paiement en), valeur nominale, des fermages des usines, ne peuvent s'appliquer aux *fermages des coupes de bois* ; 7. 24 ger 133 p 310.

ASSIGNATS (la portion payée à-compte en assignats sur des *gages* stipulés en), est définitivement payée, sans être susceptible de réduction dans le compte définitif ; 7. 9 mess 178 p 41.

ASSIGNATS (celui qui a vendu en) des *marchandises* sans avoir commission, ne peut être réputé dépositaire des assignats qui lui restent par suite de son opération ; 7. 11 vend 9 p 20.

ASSIGNATS (refus valable du remboursement offert en) depuis la loi du 25 messidor an 3, d'une *rente* constituée depuis le premier janvier 1792, pour restant du prix d'une acquisition faite avant la même époque ; 7. 19 vend 19 p 39.

AVANTAGE (la vente faite en ligne directe à la personne prohibée, est réputée) ; 7. 9 flor 144 p 332.

Avoué (le receveur des *douanes* peut prendre des conclusions sans le ministère d'un); 10. 1 germ 87 p 247.

B.

Bac (les *ci-devant seigneurs* ne peuvent prétendre avoir exclusivement le droit de); 7. 14 niv 82 p 190.

Bail (est sujet au droit de mutation de propriété, l'acte contenant) de 9 ans, avec promesse de passer plusieurs baux successifs à la suite l'un de l'autre, dont la durée totale *excède* 30 ans ; 7. 18 vend 13 p 29.

Batiment (lorsque le) pris sur l'ennemi, est *vendu* par le captureur à un *étranger*, celui-ci peut le faire sortir du port où il l'a acheté avec passe-port de son souverain, quoique ce port n'appartienne pas à son souverain ; 7. 25 frim 67 p 151.

Batiment capturé (le capitaine d'un) doit apposer son cachet sur la boîte ou sac dans lequel sont renfermées ses *pièces de bord*, ou au moins il doit être interpelé de le faire ; et le procès-verbal en faire mention ; 7. 23 flor 151 p 348.

Belgique (les actes passés pendant l'*invasion* de la) par les ennemis, ne peuvent avoir leur exécution, s'ils n'ont pas acquis une date certaine et authentique six mois avant l'*évacuation* de l'ennemi ; 8. 24 frim 37 p 86.

Billets a long terme (en fait de), la renonciation du débiteur aux longs termes de son billet, ne peut courir que du jour de leur présentation régulière ; 9. 3 brum 14 p 28; et 10. 21 germ 101 p 280. —— Les formes déterminées par l'art. 5 de la loi du 8 floréal an 6, pour la *représentation* des billets à long terme, ne peuvent être suppléées par des actes équipollens ; 9. 3 brum 14 p 28.

Billets a ordre (le dépôt autorisé par la loi du 6 thermidor an 3, du montant des), dont le porteur ne se présente pas, est va'ablement fait par un tiers au nom du débiteur dont il n'a pas de pouvoir ; 10. 13 germ 98 p 275.

BOURSES destinées à l'instruction des parens du *fondateur*, sont conservées par les lois des 24 août 1790, article 25 , et 5 novembre 1790, article 3 ; 7. 24 vend 21 p 44.

BREVET D'INVENTION (lorsqu'un porteur de) se plaint de trouble, l'inculpé doit être admis à justifier qu'il ne se sert que de *procédés connus* avant le brevet ; 10. 22 frim 35 p 90.

BUREAU *de seconde ligne* (la portion de la ville dans laquelle est établie un), à partir du bureau pour aller au bureau de première ligne , est comprise dans l'intervalle entre les bureaux de première et les bureaux de seconde ligne ; 8. 8 vent 75 p 161.

C.

navire CAPTURÉ (le capitaine du) qui est *relâché*, doit obtenir le paiement du fret d'après le prix fixé par la charte-partie : il lui est dû en outre *indemnité*, à raison du retard qu'il a éprouvé ; 7. 18 fruct 212 p. 491. — Le capitaine du navire capturé doit apposer son cachet sur la boîte ou sac dans lequel sont renfermées ses *pièces de bord*, ou au moins il doit être interpelé de le faire, et le procès-verbal en faire mention ; 7. 28 flor 151 p 348. — Les intéressés à la cargaison du navire capturé , doivent être admis à la preuve du fait qu'il a été capturé sous le canon d'une puissance *alliée* ; 7. 23 vent 119 p 280.

CASSATION (le français qui veut se pourvoir en) contre le jugement rendu en faveur d'un *étranger*, ne peut exiger *caution* de ce dernier , qui veut faire sortir de France les effets qui sont l'objet de la contestation ; 7. 4 prair 154 p 358. — L'*exécution forcée* donnée au jugement avec protestation que c'est sans préjudice de la demande en cassation, ne peut être opposée comme *fin de non-recevoir* contre la demande en cassation ; 10.

22 vend 13 p 34. — On ne peut invoquer, pour moyen de cassation contre un jugement, la *contravention* aux lois commise dans un *autre* jugement rendu en la même cause ; 10. 13 prair 136 p 397. —— Il n'y a lieu à statuer sur la cassation d'un jugement rendu par *défaut*, contre lequel le demandeur en cassation s'est pourvu par *opposition* en tems utile ; 9. 4 flor 65 p 165.

CAUTION (celui qui par acte séparé se rend) de la même manière que s'il était *endosseur*, ne peut opposer le défaut de poursuite dans la quinzaine du protêt, comme le pourrait faire le véritable endosseur ; 9. 14 ger 57 p 142.—Mais il peut l'opposer, lorsque par les circonstances du fait il est prouvé que les parties ont entendu promettre et stipuler un simple *endossement* ; 10. 9 flor p 352.

Nota. Ce second jugement a été rendu entre les mêmes parties que le premier, sur nouveau pourvoi contre le jugement rendu par le tribunal devant lequel l'affaire avait été renvoyée.

CHARTE-PARTIE (la) n'est pas un effet de commerce ; 7. 19 germ 129 p 302.

CHEPTEL (la convention faite pendant le *papier-monnaie* de laisser dans la ferme à la fin du bail les objets du) pour la somme de..... suivant l'estimation qui en serait faite alors, fait obstacle à ce que le preneur puisse à la fin du bail, en rendre la valeur au cours qui avait lieu au moment de la convention ; 7. 6 prair 158 p 366.

CHOSE JUGÉE (les tribunaux ne peuvent porter atteinte à l'autorité de la) ; 7. 19 vend 15 p 32 ; 7. 4 brum 31 p 64 ; 7. 23 brum 48 p 102 ; 7. 7 niv 74 p 169 ; 7. 22 niv 84 p 193 ; 7. 23 niv 86 p 199 ; 7. 8 prair 160 p 370 ; 7. 13 ther 198 p 459 ; 8. 28 brum 24 p 58 ; 8. 4 mess 112 p 251 ; 8. 11 therm 123 p 277 ; 9. 11 fruct 128 p 335 ; 10. 12 vent 76 p 213 ; 10. 20 flor 116 p 319.

CHOSE JUGÉE (entre plusieurs *co-intéressés* à la même

créance, l'autorité de la) n'a lieu que contre ceux d'entr'eux qui ont sisté au procès ; 10. 2 ger' 90 p 255.

Chose jugée (entre plusieurs *héritiers* contre lesquels est rendu un même jugement , la réclamation de l'un n'empêche pas qu'il n'acquiert force de) contre les autres ; 7. 21 brum 42 p 87 ; 7. 24 pluv 103 p 237.

Chose jugée (les *lois* des 11 frimaire et 16 nivôse an 6 , ne peuvent s'appliquer aux contestations terminées, par des jugemens ayant acquis force de) ; 8. 4 mess 112 p 251.

Chose jugée (pour qu'il y ait lieu à l'exception de la), il faut que l'objet des deux contestations soit le *même* ; 7. 29 flor 152 p 353.

Chose jugée (le jugement qui a prononcé la nullité de la saisie faite pour obtenir le paiement d'une rente , n'acquiert pas l'autorité de) pour la *nullité de la constitution* de la même rente , quoiqu'elle ait été alléguée par le demandeur en nullité de la saisie ; 7. 15 ger 125 p 293.

Chose jugée (il n'y a pas lieu à l'exception de la) , lorsque les parties procèdent en des *qualités différentes* ; 7. 7 mess 174 p 401.

Citation. *Voyez* Conciliation.

Citation donnée devant le juge de paix doit contenir délai de deux jours francs ; et en outre lorsqu'elle est donnée hors du canton, un jour de délai de plus pour chaque dix lieues d'éloignement ; 8. 21 prair 107 p 237.

Command (lorsque la déclaration du) pour lequel on s'est rendu adjudicataire, n'est pas notifiée au receveur dans les 24 heures de l'adjudication , elle doit un nouveau droit principal comme *revente* ; 9. 3 ther 118 p 306.

Commissaire *du gouvernement* (le) près les corps administratifs ne peut pas être mis en cause sans s'être adressé préalablement à l'administration près laquelle il exerce ses fonctions ; 8. 12 ger 93 p 201.

biens COMMUNAUX (dans les arbitrages forcés relatifs aux) le tiers-*arbitre* devait être nommé par le tribunal de la justice de paix , et non pas par le juge de paix seul ; 7. 2 niv 69 par 159 ; et 7. 3 vent 110 p 256.

biens COMMUNAUX (en matière de réintégration dans les) les parties citées devant les *arbitres* devaient avoir un mois de délai pour produire leurs pièces ; 8. 21 prair 107 p 237. — Le juge de paix ne pouvait nommer seul le *tiers-arbitre* ; 8. 28 niv 53 p 118. — Le *tiers-arbitre* ne pouvait être nommé par la justice de paix , sans que les parties eussent été citées ; 7. 3 vent 110 p 256 ; 8. 28 niv 53 p 118.

biens COMMUNAUX (le tribunal arbitral pour lequel en matière de réintégration dans les) il avait été nommé des *arbitres d'office* , ne pouvait prononcer avant le mois, depuis la notification faite à la même partie de cette nomination ; 7. 9 prair 161 p 373.

biens COMMUNAUX (le principe que nul n'est obligé de rester dans l'*indivis* malgré soi , s'applique aux) possédés par plusieurs communes, en ce que chaque commune peut en demander le partage ; 7. 4 ther 195 p 451.

biens COMMUNAUX (les détenteurs de) doivent être maintenus en leurs *possessions* , lorsqu'ils les ont défrichées en vertu des lois portées par l'ancien gouvernement ; 8. 24 frim 39 p 90 ; et 8. 7 vent 72 p 153.

biens COMMUNAUX (le droit de *parcours* sur le territoire d'une commune, ne donne pas droit à partager ses) 10. 22 brum 26 p 67.

biens COMMUNAUX envahis par l'effet de la *puissance féodale.* Voyez *puissance* FÉODALE.

biens COMMUNAUX (le ci-devant *seigneur* doit être maintenu en possession des) dont il est acquéreur légitime ; 9. 23 fruct 135 p 353. — Les jugemens et bornages relatifs auxdits biens, ne sont annullés, qu'autant qu'ils sont passés avec le *seigneur* de la commune ; 10. 22 flor 121 p 334.

biens COMMUNAUX (il n'y a que les terres *vaines et vagues* qui par leur nature soient réputées) ; 7. 28 brum 50 p 106 ; 7. 22 niv 85 p 196 ; 7. 2 vent 109 p 253.

biens COMMUNAUX (en partage de) les *vérifications* à faire sur les lieux, doivent être faites par les experts et non par les arbitres eux-mêmes ; 7. 11 vend 10 p 24 ; 7. 2 vent 109 p 253.

COMMUNES (les) ne peuvent plaider sans être *autorisées* ; 7. 9 brum 38 p 79 ; 7. 6 frim 54 p 120 ; 7. 19 pluv 99 p 231 ; 7. 24 pluv 102 p 235 ; 7. 11 germ 124 p 291 ; 7. 9 flor 145 p 337 ; 7. 19 mess 184 p 424 ; 8. 17 vend 7. p 17 ; 8. 11 pluv 57 p 127 ; 9. 1 brum 13 p 26 ; 10. 11 mess 150 p 429.

COMMUNES (lorsqu'il est question d'adjuger des dommages et intérêts contre les) pour *délits commis* à force ouverte sur leur territoire, il n'est pas besoin que le dommage soit constaté dans les *formes* voulues par les anciennes coutumes ; il suffit qu'il le soit dans les formes indiquées par les lois nouvelles ; 8. 24 frim 38 p 88. —— Les tribunaux doivent prononcer ces dommages et intérêts sur le *vu des pièces* ; 7. 12 therm 197 p 456. —— Ils doivent les prononcer sur le simple *vu des pièces*, sans qu'il soit nécessaire que les communes soient mises en cause ; 8. 17 vend 8 p 18. — En pareil cas, le certificat délivré par l'officier municipal plusieurs mois après le *délit*, ne tient pas lieu du procès-verbal autorisé par la loi du 10 vendémiaire an 4 ; 9. 2 flor 61 p 155. — La procédure abrégée relative à ces *délits*, n'a lieu qu'autant qu'à l'instant du *délit* a été dressé le procès-verbal autorisé par la loi ; 8. 2 frnct 133 p 301 ; 10. 23 mess 153 p 444. —Les tribunaux ne peuvent connaitre de ces dommages et intérêts en *dernier ressort* ; 8. 14 mess 517 p 262.—La responsabilité des

communes

s'étend à l'indemnité des *gendarmes* qui dans la révolte perdent leurs chevaux et leurs effets ; 7. 8 brum 34 p 71.

CONCILIATION (l'obligation de citer en) sur l'*appel*, n'était imposée qu'à celle des deux parties qui poursuivait la première ; 7. 2 brum 28 p 58.

CONCILIATION (la défense d'entrer en) jusqu'après telle opération, est un moyen de *cassation* proposable par le ministère public. Pareil moyen n'est pas proposable par les parties, lorsqu'elle n'a pas influé sur le jugement définitif; 9. 4 frim 22 p 43.

CONCILIATION (les tribunaux ne peuvent prononcer sur une *demande* qui n'a pas été précédée d'une citation en); 8. 13 therm 12 p 281.

CONCILIATION (les affaires qui étaient de la compétence des *tribunaux de famille* doivent subir l'épreuve de la) avant d'être portées devant les tribunaux de première instance ; 7. 6 vend 6 p 2.

domaine CONGÉABLE (le cessionnaire du droit de congément, nouveau colon du), est sujet, à cause des édifices, au droit d'enregistrement, comme propriété immobilière ; 10. 25 niv 5 p 145.

CONNOISSEMENS (aucune loi n'exige la représentation de la *charte-partie* avec celle des) ; 7. 28 flor 15 p 348.

CONNOISSEMENT doit être signé par les *chargeurs*; 7. 29 brum 5 p 109.

CONNOISSEMENT (le défaut de) pour certaines marchandises, ne peut jamais opérer la *confiscation* des autres marchandises pour lesquelles il y a connoissement; 7. 28 flor 15 p 348.

CONSEIL (les tribunaux ne peuvent nommer à un citoyen un) sans l'assistance duquel il ne pourra aliéner ni hypothéquer ses biens; 10. 24 niv 52 p 141 ; 10. 11 messid 149 p 428.

CONSIGNATION d'une somme offerte réellement , n'est pas

valablement faite entre les mains d'un simple particulier qui n'est pas fonctionnaire public : 10. 2 mess 146 p 423.

CONTRAINTE (les *préposés de l'enregistrement* sont autorisés à décerner) pour le paiement des droits qu'ils réclament, sans être tenus de traduire devant les tribunaux ; 7. 5 frim 33 p 116.

CONTRAINTE PAR CORPS ne peut avoir lieu pour acte souscrit dans l'intervalle de la loi qui l'avoit abrogée à celle qui l'a rétablie ; 7. 3 mess 173 p 398 ; 7. 28 mess 192 p 443.

loi des CONTRATS (les juges ne peuvent transporter une obligation d'un cas à un autre sans violer la) ; 10. 2 germ 92 p 260.

CONTRIBUTION FONCIÈRE (le propriétaire est seul chargé de la), malgré les baux passés avant la publication du décret des 20, 22 et 23 septembre 1790, dont les clauses assujettissent le fermier au paiement de toutes contributions : le fermier est quitte en lui tenant compte chaque année du montant des vingtièmes auxquels le bien était assujetti en 1790 ; 7. 23 niv 87 p 201.

CONVENTION (les tribunaux ne peuvent annuller les effets d'une), lorsqu'aucune des parties ne requiert qu'il soit prononcé sur sa validité ; 9. 24 pluv 38 p 84.

CONVENTIONS doivent être exécutées selon leur forme et *teneur* ; 8. 6 frim 30 p 71. — Celles *verbalement* arrêtées pour être rédigées par écrit, n'acquièrent d'existence que par la rédaction suivie de la signature des parties ; 8. 9 vent 76 p 163.

CRÉANCIERS *directs de la nation* pour des sommes au-dessus de 3000 fr., provenant de la dette exigible soumise à la liquidation, sont autorisés à rembourser, au moyen d'un *transfert*, tout créancier personnel ayant privilége ou hypothèque sur l'objet liquidé ; 8. 28 vent 86 p 180.

CRIMINELLE (l'affaire), décidée par un jugement annullé et renvoyée devant un autre tribunal, doit s'instruire criminellement devant le *tribunal de renvoi* ; 7. 6 therm 196 p 453.

D.

DATE (l'*erreur* commise dans l'original de l'exploit sur une), relative à l'objet de réclamation, peut être redressée par la date inscrite sur la copie et par les autres circonstances de la cause ; 7. 7 vent 111 p 259.

actes de DÉCÈS (jusqu'à l'inscription de faux, la foi est due aux) dressés par les officiers préposés par la loi ; 7. 12 frim 59 p 132.

DÉCLARATION (le *capitaine* d'un navire doit comprendre dans sa) à la douane, le numéraire dont il est chargé pour l'étranger ; 9. 12 vend 3 p 6.

DÉCLARATION (l'année de *délai* accordée par la loi de 1790 pour rectifier la) qui a servi de base à la perception du droit d'enregistrement, s'applique aux objets omis d'estimer; et non pas aux objets déclarés au-dessous de leur valeur; 7. 11 vent 113 p 264.

DÉCLARATION (le partage des biens d'une succession ne peut tenir lieu de la) des biens compris dans ladite *succession*, lorsqu'il n'a pas été présenté pour en tenir lieu, et qu'il n'a été registré que comme partage ; 9. 23 prair 88 p 228.

DÉCLINATOIRE (le tribunal ne peut, par un même jugement, prononcer sur le) et sur le *fonds* ; 9. 12 niv 30 p 63.

DÉFAUT (on peut interjetter *appel* d'un jugement par) sans être tenu de se pourvoir par opposition ; 10. 11 pluv 60 p 165.

DÉFAUT (le jugement par), rendu par des *arbitres forcés*, non signifié dans le tems, est, depuis la suppression des arbitrages forcés, susceptible d'opposition devant les tribunaux ordinaires; 9. 21 fruct 134 p 350.

DÉFAUT (on ne peut adjuger par) des conclusions non vérifiées; 9. 23 mess 108 p 282.

DÉFAUT (en matière de *douane*, l'opposition à un jugement par) rendu par la justice de paix , est recevable ; 8. 1 fruct 132 p 298. — *idem* de celui rendu par le tribunal de seconde instance; 8. 4 vend 1 p 1 ; et 8. 14 niv 48 p 108.

DÉFAUT fatal des jugemens rendus à tour de rôle , n'avait pas lieu en la ci-devant Flandre dans les tribunaux inférieurs ; 9. 11 fruct 129 p 339.

DÉFAUT (on ne peut donner) contre le non-comparant avant l'*heure* désignée pour sa comparution ; 7. 13 pluv 95 p 222.

DÉFAUT (le jugement rendu par), en la *justice de paix*, n'est pas susceptible de l'appel ; 7. 7 vent 111 p 259.

DÉFAUT (lorsque le défenseur , en proposant une fin de non-recevoir , déclare n'avoir pas *pouvoir* de plaider sur le fond , le jugement rendu à la même audience par lequel le tribunal statue sur le fond , est un jugement par) ; 8. 1 niv 40 p 93. — Lorsqu'à l'audience le défenseur ou l'avoué déclare n'avoir plus de *pouvoir* pour sa partie , le jugement rendu d'après cette déclaration est un jugement par défaut ; on peut y former opposition; 7. 22 niv 84 p 193.

DEGRÉS (toute affaire doit subir deux) de jurisdiction ; 10. 21 brum 25 p 63.

DÉLAI (la signification du jugement de première instance qui n'est pas faite à la personne ou domicile du condamné , ne fait pas courir le) pour *appeler* ; 9. 4 flor 65 p 16.

DÉLAI (les personnes domiciliées hors les 10 lieues du tribunal de première instance , doivent être *assignées* à un) au moins de quinzaine ; 9. 22 prair 87 p 226.

DÉLAI pour se pourvoir en *cassation*, court de la signification à personne ou domicile réel. Il ne court pas de la signification faite au domicile élu de l'avoué ou défenseur officieux ; 7. 11 vend 9 p 20.

DÉLÉGATION n'est parfaite que par l'acceptation du *créancier délégué* ; 10. 24 frim 38 p 100 ; 10. 14 vent 79 p 220 ; 10. 13 germ 97 p 271.

DÉLÉGATION et indication de paiement, non soumise à la *réduction* d'après l'article 11 de la loi du 11 frimaire an 6, est celle par l'effet de laquelle le délégataire acquiert les droits du déléguant contre le délégué ; 9. 14 flor 74 p 187.

DÉLÉGATION (le contrat par lequel le vendeur charge l'acquéreur de payer en son acquit la *rente* constituée à laquelle il est personnellement obligé, contient) et indication de paiement ; 9. 13 germ 56 p 139.

DÉLIBÉRÉ (le juge qui n'a pas entendu les *plaidoieries* sur lesquelles a été ordonné un délibéré, ne peut concourir au jugement sur) ; 9. 13 vend 4 p 8.

DÉLIBÉRÉS *sur-le-champ* (dans les), le jugement arrêté à la chambre du conseil doit être prononcé le même jour à l'audience ; 8. 4 frim 26 p 64.

DEMANDE (les juges se peuvent scinder les différens chefs de) réunis dans un même exploit, pour juger les uns en *dernier ressort*, les autres à la charge de l'*appel* ; 7. 21 brum 42 p 87.

DEMANDE (l'exploit de) doit contenir la désignation par *tenans et aboutissans* des pièces de terre qui sont l'objet de la réclamation ; 7. 2 vent 109 p 253.

neuf DÉPARTEMENS RÉUNIS (les *lois* survenues depuis la publication de celle du 12 vendémiaire an 4, sont obligatoires dans les) du jour de leur distribution au chef-lieu ; 7. 1 flor 138 p 321 ; 7. 27 messid 189 p 435. — Cette disposition a lieu à compter de la publication au chef-lieu du département de la loi du 12 vendémiaire an 4 (et non pas à compter de sa publication dans les cantons) ; 7. 28 vent 161 p 284.

neuf DÉPARTEMENS (les *lois* non encore publiées dans les) à l'époque de l'arrivée officielle de la loi du 12 vendémiaire an 4, ont devenues *obligatoires* du jour de ladite arrivée; 7. 9 mess 176 p 407

DÉPENS (dans la ci-devant *Belgique*, l'article 33 du titre 14 de l'arrêté des représentans du peuple du 2 frimaire an 4, n'empêche pas qu'on ne puisse se pourvoir par opposition contre la taxe des) ; 9. 11 ger 53 p 129.

DÉPENS (les tribunaux inférieurs ne peuvent ordonner par *provision* le paiement des) prononcés par le jugement dont est appel , quoique ce jugement soit exécutoire par provision ; 7. 19 prair 167 p 386.

DERNIER RESSORT (on ne peut se pourvoir par *appel* contre un jugement qualifié en) qui aurait dû être prononcé en premier ressort ; 7. 17 niv 83 p 192 ; 10. 2 therm 158 p 459.

DERNIER RESSORT (l'opposition à un jugement rendu en dernier ressort par des *arbitres forcés*, ayant été porté à cause de la suppression des arbitrages forcés devant les tribunaux ordinaires, ceux-ci ne peuvent en connaître en), qu'autant que l'objet de la contestation n'excède pas la compétence en dernier ressort ; 7. 3 vent 112 p 262.

DERNIER RESSORT (les juges de première instance ne peuvent prononcer en) sur l'opposition à l'homologation d'un *avis de parens* portant nomination de tuteur ; 8. 26 vend 13 p 29: — ni sur les matières hors de leur compétence, sans le *consentement des deux parties* ; 10. 2 mess 147 p 425.

DERNIER RESSORT (pour déterminer s'il y a lieu à la compétence en) d'un tribunal de première instance , il faut réunir le montant de la somme demandée avec le montant de la créance offerte en *compensation*; 8. 28 vent 88 p 185; — *idem*, il faut avoir égard aux *demandes* des deux parties; 8. 1 niv 41 p 95 ; 8. 23 flor 104 p 227.

DERNIER RESSORT (le tribunal de district devait juger en) au nombre au moins de quatre juges ; 7. 2 brum 28 p 58. — Le

tribunal de district saisi entre les mêmes parties d'une demande
en première instance , sujette à l'appel, et d'une instance d'appel , ne pouvait faire droit à toutes les deux par un jugement en
dernier ressort; 8. 24 therm 130 p 295.

DERNIER RESSORT (les actions civiles , relatives au droit
d'*enregistrement* , doivent être jugées par les tribunaux de première instance en) ; 10. 13 prair 136 p 397.

DERNIER RESSORT (les tribunaux de première instance
ne peuvent connaître en) des contestations relatives aux *fermages* des domaines nationaux; 8. 12 mess 114 p 256 ; 9. 3 flor
63 p 161; 9. 13 mess 99 p 259 : — ni de celles relatives aux fruits
des mêmes domaines ; 9. 2 germ 49 p 118;

DERNIER RESSORT (les tribunaux de première instance ne
peuvent connaître en) des contestations dont l'objet est *indéterminé*; 9. 21 brum. 15 p 30 : — ni de celles dont l'objet est de valeur
non déterminée ; 9. 14 flor 75 p 190 ; 10. 22 vend 11 p 29 ; 10.
4 brum 18 p 47; 10. 1 frim 29 p 75 ; 10. 21 flor 118 p 324 ; 10
19 prai. 141 p 410.

DERNIER RESSORT (la *justice de paix* ne peut connaître en)
d'une demande en réparation d'injures et dommages et intérêts,
lorsque les dommages et intérêts excèdent 50 francs; 7. 17 niv
83 p 192.

DERNIER RESSORT (le tribunal de commerce statue en) sur
les contestations dont l'objet est au-dessous de *mille francs*;
9. 3 prair 77 p 198.

DERNIER RESSORT (les tribunaux de première instance ne
peuvent prononcer en) une condamnation qui excède *mille
francs*; 8. 13 therm 125 p 281 : — et ce, quoiqu'elle soit
prononcée divisément en faveur de deux individus dont chacun
profite d'une somme au-dessous de *mille francs* ; 9. 2 flor 61 p
155.

DERNIER RESSORT (les tribunaux de première instance ne peuvent connaître en) de demandes dont l'objet excède la valeur de *mille francs* ; 7. 23 brumaire 44 p 94 ; 9. 1 frim 18 p 35 ; 9. 4 ger 52 p 126 ; 9. 22 prair 67 p 226 ; 10. 23 frim 36 p 96 ; 10. 1 niv 40 p 106 : —— et ce, lors même qu'ils adjugent une somme au-dessous de *mille francs* ; 9. 21 fruct 133 p 349. — *Idem* d'une contrainte au-dessus *mille francs*, en matière de vente de bois nationaux ; 10. 6 flor 109 p 3 . — *Idem* quand il s'agit de l'hypothèque pour sureté de créances dont le total excède *mille francs* ; 9. 11 vent 43 p 103. — *Idem* du remboursement d'une rente dont le capital excède *mille francs* ; 7. 5 vend 4 p 8. — *Idem* de plusieurs demandes dont le total excède *mille francs*, quoique chacune en particulier soit au-dessous ; 8. 1 niv 41 p 95.

DERNIER RESSORT (les tribunaux de première instance ne peuvent connaitre en) d'une demande en *pension* alimentaire de mille francs par an ; 10. 26 prair 144 p 418.

DERNIER RESSORT (la *réduction* demandée suivant l'échelle de proportion à une somme au-dessous de 50 francs, d'une rente originairement supérieure à 50 francs en assignats, ne rend pas le tribunal de première instance compétent pour connaitre en) ; 10. 2 mess 147 p 425.

DERNIER RESSORT (pour juger si le tribunal de première instance peut connaitre en) de la nature d'une *rente foncière* due par plusieurs tenanciers, il faut avoir égard au total de la rente et non pas à la portion due par l'individu partie dans la cause ; 8. 8 vent 74 p 159.

DERNIER RESSORT (le juge de paix ne peut connaitre en) d'une contestation relative, soit à un droit réel dont le *revenu* n'est pas déterminé ; 10. 14 ger 99 p 277 ; 10 5 prair 129 p 382 : — soit à un immeuble dont le *revenu* excède 50 francs ; 7. 11 vend 11 p 25 : — soit au mode de paiement d'une rente dont le revenu excède 50 francs ; 7. 11 vend 11 p 25.

DÉSISTER (l'acte par lequel le demandeur déclare , qu'après avoir pris communication des titres opposés , il entend se) de ses conclusions , emporte le désistement de l'action ; 10. 21 ger 102 p 284.

DIVORCE (dans le) poursuivi pour cause de *déréglemens de mœurs* , l'inconduite personnelle du mari demandeur peut être opposée comme fin de non-recevoir par la femme défende-resse ; 7. 7 niv 76 p 177. — La prononciation du divorce et le mariage subséquent ne font pas obstacle à la demande en cassation du jugement qui autorise le divorce ; 7. 7 niv 76 p 177.

DIVORCE (les tribunaux peuvent seuls statuer sur la *validité* du) ; 10. 2 vend 2 p 4 ; 10. 3 mess 148 p 428. — Ils ne peuvent annuler les *actes préliminaires* du divorce , que dans les seuls cas où les formalités et les délais prescrits par les lois n'ont pas été observés ; 10. 2 vend 2 p 4 ; 10. 3 mess 148 p 428. — *L'of-ficier* municipal chargé de la rédaction des actes de *l'état civil* n'est pas exclus de participer comme officier municipal , aux opérations du divorce ; 10. 2 vend 2 p 4 ; 10. 3 mess 148 p 428.

DOMICILE ÉLU (la citation pour nommer un arbitre ne peut être donnée à un) ; 8. 21 prair 107 p 237.

DONATAIRE *à titre singulier* (l'article 17 de la loi du 17 nivose au 2 , ne peut s'appliquer au) ; 8. 23 prair 111 p 247.

DONATION (la charge imposée par une donation universelle de payer les dettes du donateur indéfiniment , et notamment une somme aux servantes qui lors de son décès seront à son service , s'étend aux dettes à venir ; en conséquence pareille) est nulle comme contraire à l'article 16 de l'ordonnance de 1731 ; 7. 17 therm 200 p 464.

DOUANE (en matière de) il n'est pas nécessaire que le jugement du tribunal de paix qui prononce la *confiscation* , soit affiché ; 8. 7 brum 18 p 41. — Les préposés qui font des *notifications* et sont pas tenus de se conformer aux dispositions de l'article 2 du titre 2 de l'ordonnance de 1667 ; 8. 7 brum 19 p 45. — Lorsque les marchandises se trouvent peser au-delà du *poids* indiqué par l'acquit à caution, l'excédent de la pesée est sujet au paiement du double droit ; 8. 6 ger 92 p 198. — *Les préposés* ont la faculté de ne pas transporter les marchandises *saisies* au bureau le plus prochain, lorsque les circonstances particulières de la saisie s'y opposent ; 8. 23 brum 23 p 54 ; 8. 28 niv 52 p 116. — Ils ne sont pas tenus de faire mention dans leurs actes, du tribunal devant lequel ils ont prêté *serment* ; 8. 14 vent 77 p 166.

DRILLES ne peuvent être en entrepôt dans la *bande frontière* ; 8. 6 vend 2 p 3. — Elles sont comprises sous l'expression *matières propres à la fabrication du papier* ; *ibid.*

DROIT PROPORTIONNEL (d'après la loi du 9 vendémiaire an 6, il est dû un), sur la *minute des jugemens* portant condamnation au paiement de sommes déterminées sans obligation antérieure par acte public ou privé ; 8. 1 vent 68 p 144. — *Idem* en vertu d'une obligation non enregistrée ; 10. 24 vent 84 p 235. — Il est dû droit proportionnel sur le jugement qui prononce la *rentrée en possession* d'un héritage à défaut de paiement ; 9. 21 vend 9 p 17.

E.

EAUX (les contestations entre les propriétaires de deux moulins, sur l'exécution d'une transaction par laquelle ils ont réglé entr'eux la *hauteur des*) d'une rivière, doivent être portées devant les *tribunaux* et non par devant les corps administratifs ; 8. 19 frim 36 p 84.

EAUX ET FORÊTS (le dépôt d'anciens jugemens rendus en matière d') ne peut être ordonné en l'étude d'un notaire ; 7. 8 brum 36 p 76.

ÉCOLES *de charité* (les établissemens d') pourraient avoir lieu sans lettres-patentes, même depuis l'édit de 1749 ; 8. 1 vent 67 p 142.

EFFET NÉGOCIABLE (il n'est pas absolument nécessaire que le *dépôt* autorisé par l'article 1 de la loi du 6 thermidor an 3, après les 3 jours de l'échéance d'un), soit fait immédiatement après les trois jours ; il est valablement fait à une époque postérieure ; 8. 3 brum 16 p 36. —— Ce *dépôt* n'est autorisé, qu'autant que le porteur ne s'est pas présenté dans les trois jours de l'échéance ; 8. 18 ger 95 p 205. — Il a lieu sans distinguer si l'effet négociable est consenti de négociant à négociant ; 9. 12 mess 96 p 250. — Le débiteur de l'effet négociable qui, avant l'échéance, a fait parvenir les fonds à l'endroit indiqué pour le paiement, est libéré envers le porteur qui ne s'est pas présenté dans les 3 jours de l'échéance pour recevoir, quoique depuis il n'y ait pas eu de *dépôt* chez le receveur de l'enregistrement ; 8. 4 frim 25 p 61.

EFFETS NÉGOCIABLES payables à *jour fixe*, sont valablement *protestés* le même jour sans attendre les dix jours après l'échéance ; 7. 7 niv 75 p 172.

ÉMIGRÉ (tout associé dans une *manufacture* et ses ayanscause, ont le droit de se faire subroger à la portion de l'un de ses associés) ; 10. 1 vent 68 p 188.

ÉMIGRÉ (tout prétendant droit de *servitude* sur un bien d') vendu par la nation, est déchu faute d'avoir fait en tems utile la déclaration prescrite par la loi ; 7. 27 brum 49 p 103.

EMPRUNT (les *enfans de famille* ne peuvent en pays de droit écrit faire d') valable, sans le concours des père et mère sous l'autorité desquels ils vivent, même par forme de constitution de rente ; 8. 14 vent 79 p 168.3

ENFANT *adultérin* (le sort que peut espérer dans les biens de son père décédé *depuis* la loi du 12 brumaire l') reconnu devant l'officier public, est fixé par l'article 13 de ladite loi ; 7. 6 vend 7 p 15.

ENFANT NATUREL (la loi du 12 brumaire ne règle pas le sort et les droits de l') dont le père est décédé *depuis* sa promulgation; 7. 24 prair 169 p 390; 8. 4 pluv 56 p 125; 10. 4 niv 43 p 113.

ENFANT *naturel* (l') ne peut représenter ses père et mère dans une *succession* ouverte avant le 14 juillet 1789; 8. 12 pluv 60 p 132. — Il est admis, sans avoir égard à la date du décès de son père, aux *successions collatérales*, ouvertes dans l'intervalle de la loi du 12 brum. an 2 à celle du 15 therm. an 4; 7. 27 mess 190 p 438.

ENQUÊTE (la loi du 7 fructidor an 3 a dérogé en matière d') à l'ordonnance de 1667; 9. 1er. fruct 126 p 330.

ENQUÊTE (les juges d'appel ne peuvent annuller une) par défaut de forme, lorsqu'il n'y a pas d'appel du jugement qui a prescrit la forme observée; 10. 4 frim 31 p 79.

ENREGISTREMENT (le procès-verbal dressé devant le juge-de-paix qui constate l'existence d'un *acte*, suffit pour autoriser la régie à percevoir le droit d') de l'acte énoncé; 8. 3 vent 69 p 147.

ENREGISTREMENT (lorsque le dernier jour utile pour l') d'une *adjudication* tombe la veille du jour du repos, l'adjudicataire qui se présente au bureau le lendemain du jour du repos, est sujet au double droit; 8. 1er. fruct 131 p 297. — Les droits perçus pour une adjudication ne sont pas dans le cas d'être restitués, lorsque l'adjudication vient à être annullée; 9. 13 prair 85 p 220.

ENREGISTREMENT (les contestations relatives à la poursuite du *déficit de caisse* des receveurs de l') sont sujettes aux deux degrés de jurisdiction; 10. 4 pluv 57 p 155.

ENREGISTREMENT (le *défaut* d') de l'acte qui contient une fausse relation de l'enregistrement, rend nulle la signification et le jugement intervenu sur icelle; 9. 3 prair 78 p 203.

ENREGISTREMENT (pour éviter le *double droit* d') il ne suffit pas que l'acte soit remis au bureau dans le délai : il faut
encore que les droits y soient consignés dans le même délai ;
8. 21 flor 97 p 210.

ENREGISTREMENT (les adjudications pour la perception des
impositions sont sujettes au droit d') ; 10. 23 vent 82 p 230.

ENREGISTREMENT (l'article 7 de la *loi du 14 therm. an 4*,
relative à l') s'applique aux mutations antérieures ; 9. 23 vent
47 p 112.

ENREGISTREMENT (les lois sur l') *antérieures* à la loi du 12
frimaire an 7, doivent être exécutées à l'égard des actes faits
avant sa promulgation ; 10. 4 niv. 41 p. 109. — Sont exécutoires du jour de l'arrivée au chef-lieu du département, même
dans le cas où les administrations useraient de la faculté qui
leur est accordée par la loi du 12 vendémiaire an 4, de faire des
publications ou affiches locales ; 9. 15 plur 35 p 74.

ENREGISTREMENT (pour donner lieu au droit d') la *mutation
de propriété* est suffisamment prouvée par la prise de possession d'après une convention verbale et par l'inscription sur le
rôle de la contribution foncière ; 8. 21 flor 98 p 212.

ENREGISTREMENT (du jour de la *publication* au chef-lieu du
département des lois relatives au droit d'), le droit est dû pour
les actes passés dans toute son étendue, même dans les cantons
où les bureaux ne sont pas encore établis ; 8. 14 niv 47 p 107 ;
8. 23 flor 102 p 225.

ENREGISTREMENT (les sommes dues par les officiers publics
ou autres redevables pour droits d'), ne peuvent être *saisies en*
leurs mains par ceux qui ont obtenu condamnation contre la
régie pour restitution de droits ; 10. 16 therm 161 p 472.

ENREGISTREMENT (l'acte sous seing-privé *translatif* de propriété, est sujet au droit d') quand bien même on n'en ferait
pas usage ; 10. 4 niv 42 p 111.

ENREGISTREMENT (d'après la loi du 19 décembre 1790 , la constitution dotale grevée d'une rétention d'*usufruit* est sujette au droit d') pour la valeur totale du fonds , malgré la réserve d'usufruit ; 8. 21 flor 96 p 209.

ENREGISTREMENT (la régie de l') n'est pas tenue de recevoir des *valeurs déclarées inadmissibles* par une loi enregistrée au chef-lieu du département; 7. 18 vent 116 p 273 ; 7. 18 prair 164 p 379.

ENREGISTRÉ (le jugement rendu sur *acte non*) doit être annullé pour l'*intérêt de la loi* ; il ne peut l'être pour l'*intérêt des parties*; 10. 1er. pluv 54 p 149.

ENTREPÔT (les marchandises en balotins sans corde et emballage de carton, saisies dans une maison de la *frontière*, sont réputées marchandises en) ; 8. 13 mess 116 p 260.

EPOUX , (les avantages entre) stipulés avant la publication des lois des 5 brumaire et 17 nivose an 2 , ont leur plein et entier effet dans les successions ouvertes depuis la même publication ; 7. 5 vend 5 p 9.

ESCAUT , (les rives de l') quoique réputées *maritimes* à certains égards , n'en sont pas moins sujettes à la police de la frontière de terre; 7. 9 mess 175 p 404 ; 8. 28 niv 52 p 116.

ETAPES (le préposé de l'administration générale des) ne peut être poursuivi - sonnellement pour le montant des fournitures faites aux éta   ; 8. 13 pluv 62 p 135. — Pareille instance doit être suivie   ant les corps administratifs; *ibid.*

EVOQUER le tribunal devant lequel est porté l'appel du jugement rendu par un tribunal de première instance qui s'est déclaré incompétent, ne peut en admettant la compétence) e juger le fond; 10. 21 brum 25 p 63 ; 10. 11 vent 75 p 210.

EXPLOIT (le défaut de mention sur la copie de l'exploit, d l'enregistrement de l'original, ne peut opérer la nullité de l')· 8. 26 vend 12 p 27. — Les exploits doivent être donnés à personne ou domicile ; 9. 14 therm 121 p 313.

F.

FABRIQUES (les biens des) ont dû être administrés de la même manière que les autres *domaines nationaux* ; 7. 1.er vent 107 p 248.

FAILLITE est ouverte *avant le dépôt* des registres au greffe, lorsque ce dépôt est précédé d'une absence qui avait pour cause l'impossibilité de faire face aux engagemens ; 8. 2 therm 122 p 274.

FAUX INCIDENT (le code des délits et des peines n'a pas entièrement abrogé l'ordonnance de 1737, en ce qui concerne le); 9. 22 brum 16 p 32. — La manière de procéder en matière de faux incident est tracée par le code des délits et des peines, articles 533, 534, 535 et 536 ; 7. 8 brum 35 p 73.

FEMME qui contracte en la seule qualité de *fondée* de pouvoir de son mari, ne s'oblige pas personnellement ; 10. 8 therm 160 p 468.

FEMMES MARIÉES, (les lois qui prescrivent les formalités à remplir par) pour la conservation ou le recouvrement de leurs *deniers dotaux*, sont claires et précises ; 7. 19 prair 168 p 388.

puissance FÉODALE (les *conventions* passées par les communes au profit de seigneurs qui n'étaient pas seigneurs de leur territoire, ne peuvent être considérées comme abus de la); 8. 1.er niv 42 p 97.

puissance FÉODALE (les communes réintégrées en la possession des biens sur elles usurpés par l'effet de la) ne peuvent prétendre la restitution des *fruits* ; 10. 22 vend 12 p 31.

puissance FÉODALE (les communes ne peuvent demander la réintégration dans les biens communaux dont elles prétendent

avoir été dépouillées par l'effet de la) lorsqu'elles ne rapportent
pas la preuve de leur ancienne *propriété* ou *possession* ; 8. 14 niv
45 p 103 ; 8. 11 mess 113 p 254 ; 8. 21 mess 118 p 265 ; 8. 22
messid 119 p 267 ; 8. 4 fruct 134 p 305 ; 9. 23 vend 11 p 22 ;
9. 24 vend 12 p 24 ; 9. 23 brum 17 p 34 ; 9. 22 mess 106
p 277.

puissance FÉODALE (on doit maintenir dans leur propriété
les ci-devant seigneurs qui rapportent un *titre légal* d'acquisition des biens communaux que la commune prétend avoir été
envahis par l'effet de la) ; 7. 24 vend 20 p 41 ; 7. 4 brum 31
p 64 ; 7. 3 vent 110 p 256.

puissance FÉODALE (les communes dépossédées de leurs droits
d'*usage* par les dispositions de l'ordonnance de 1669, ne peuvent se dire dépossédées par l'effet de la) ; 10. 25 ger 105
p 292.

puissance FÉODALE (les communes dépouillées par l'effet de
la) d'un droit d'*usage* sur un terrein , ne peuvent être mises en
possession de la propriété du même terrein ; 7. 22 niv 85 p 196.

rente FÉODALE (la redevance stipulée dans un *bail à fieffe* ,
avec déclaration que les biens fieffés sont exempts de toute rente
seigneuriale , n'est pas une) ; 7. 13 therm 198 p 459.

FÉODALITÉ (c'est au débiteur de *rente foncière* qui la prétend éteinte comme féodale , à prouver sa) ; et non pas au
créancier à prouver qu'elle n'est pas féodale ; 10. 3 pluv 55
p 151.

FÉODALITÉ (on ne peut ordonner , en faveur des ayanscause du seigneur, l'exécution d'une *transaction* relative à un
droit qui tient à la) ; 7. 19 pluv 100 p 232.

FERMAGES (les circonstances particulières ne peuvent faire
exception au mode réglé par la loi pour les) des biens nationaux
pour l'an 3 ; 9. 13 flor 84 p 163.

FIACRE.

FIACRES comme voitures suspendues, partant à volonté, sont sujets à la contribution imposée par l'article 70 de la loi du 9 vendémiaire an 6; 10. 18 prair 138 p 402 ; 10. 18 prair 139 p 405.

FINS DE NON-RECEVOIR (le plaideur qui signifie un jugement lequel ne prononce que *sur le fonds*, perd par-là même la faculté d'opposer les) ; 7. 16 ger 126 p 295 — En instance d'appel, le jugement par défaut sur *le fonds* obtenu par l'intimé, ne l'empêche pas de proposer par la suite ses fins de non-recevoir contre l'appel ; 8. 3 niv 44 p 100.

FONDATIONS (les sommes dues annuellement aux fabriques pour l'acquit des) doivent être payées au trésor national, nonobstant le défaut d'acquit des fondations ; 8. 14 frim 31 p 72; 9. 11 flor 69 p 175; 9. 13 prair 83 p 216; 10. 4 niv 44 p 118; 10. 4 niv 45 p 121; 10. 24 pluv 67 p 186; 10. 12 prair 134 p 392.

FONDATIONS (les lois qui déclarent bien national l'actif des fabriques pour l'acquit des), s'étendent aux fondations faites dans les églises des communautés religieuses ; 10. 12 ger 95 p 267.

FRAUDE (les objets *saisis* pour), ne peuvent être revendiqués par les propriétaires, sauf leur recours contre les auteurs de la fraude ; 7. 7 brum 32 p. 68.

bande FRONTIÈRE (tout le territoire entre les *bureaux* de première et de seconde ligne , est sujet à la police ordonnée pour la) dans les deux lieues limitrophes ; 8. 23 brum 23 p 54.

bande FRONTIÈRE (les marchandises en balotin sans corde et emballage de cartons saisies dans une maison de la), sont réputées marchandises en *entrepôt*; 8. 13 messid 116 p 260.— Sont réputées en *entrepôt* dans la bande frontière les marchandises autres que celles du crû du pays qui sont en balles et ballots, et pour lesquelles on ne peut représenter d'expéditions d'un bureau de douane, délivrées dans le jour pour le transport desdites marchandises ; 7. 17 frim 61 p 138.

C

bande FRONTIÈRE (le défaut de poteaux qui établissent le terme de la) ne peut motiver la nullité de la saisie : il faut un mesurage qui constate que la maison est hors de la bande frontière dans laquelle le procès-verbal énonce qu'elle est située ; 8. 6 vend 2 p 3.

bande FRONTIÈRE (les marchandises *prohibées à la sortie*, ne peuvent circuler dans la) sans acquit à caution ; 7. 21 mess 186 p 428.

G.

GARANT, ne peut être traduit devant les tribunaux sans citation préalable en conciliation ; 8. 27 vent 85 p 178.

GARDIEN JUDICIAIRE (le locataire qui sur les contestations avec son propriétaire s'est rendu) de ses meubles, est tenu *par corps* de les représenter ; 10. 23 brum 27 p 69.

GREFFIER (le) de la justice de paix devant laquelle se fait une *adjudication* de biens immeubles, doit à défaut de paiement des droits, en envoyer l'extrait dans le mois au préposé de l'enregistrement à peine du double droit ; 7. 11 brum 40 p 82.

GROSSESSE (la suppression de l'action de l'enfant en déclaration de la paternité désavoué, entraîne la suppression de l'action de la mère en dommages et intérêts contre l'auteur de la) ; 7. 19 vend 16 p 34.

H.

HÉRITIER (l'enfant mineur) de son père, ne peut être traduit devant un tribunal qui n'est pas celui du dernier domicile de son père ; 7. 16 pluv 97 p 226.

HÉRITIER PRÉSOMPTIF (on ne peut arguer d'*avantage si-*

mulé la vente faite au profit d'un collatéral) avant la publication de la loi du 5 brumaire an 2; 10. 22 vend 13 p 34.

Hôpitaux (depuis la loi du 2 brumaire an 4 , les rentes dues aux) ne peuvent être considérées comme bien national proprement dit ; 10. 11 vend 4 p 9.

Huissier qui exploite doit faire mention de sa *patente*; 9. 21 ther 123 p 322. — Avant la nouvelle création des huissiers, la mention que l'exploitant était huissier près les tribunaux de tel *département*, remplissait suffisamment le vœu de la loi ; 7. 7 niv 75 p 172.

Huissiers des *justices de paix* (d'après l'article 27 de la loi du 19 vendémiaire an 4, les) peuvent faire dans l'étendue du territoire des significations étrangères au tribunal de la justice de paix; 7. 27 messid 188 p 434. — Autorisés à donner des assignations dans les instances près les tribunaux civils , ils sont par-là même autorisés à toutes significations relatives aux mêmes instances ; 8. 21 flor 100 p 216.

Huissiers près les *tribunaux de commerce* peuvent faire toutes notifications dans l'étendue du département, à l'instar des huissiers près les autres tribunaux ; 8. 6 frim 29 p 69.

I.

Impôts indirects (les tribunaux de première instance connaissent en dernier ressort des contestations relatives à la perception des) ; 7. 2 niv 70 p 161 ; —— ils ne peuvent accorder de remise des *droits* ni des *amendes, ibid.*

Incompatibilité entre les fonctions de *greffier* et celles d'*huissier*; 10. 6 prair 130 p 384.

Incompétence (les juges ne peuvent prononcer sur le fonds , avant d'avoir prononcé sur les moyens d') ; 9. 12 germ 55 p 136.

INSTITUTION D'HÉRITIER subordonnée à l'élection d'un tiers, est valable lorsqu'elle est faite dans l'intervalle du 14 juillet 1789, à la publication de la loi du 17 nivose; 7. 26 vend 24 p 51.

INTÉRÊTS doivent être adjugés du jour de la demande, et non pas du jour de l'échéance de la dette ; 8. 3 brum 16 p 36.

INTERROGATOIRE (la partie qui n'a pas comparue en première instance pour être interrogée, peut offrir en cause d'appel de subir); 10. 13 niv 46 p 124 ; — l'interrogatoire sur faits et articles, peut être requis en tout état de cause; 7. 1er. vent 106 p 245.

INTERVENANT qui adhère aux conclusions de l'une des parties, n'est pas tenu de citer préalablement en *conciliation* ; 9. 23 pluv 37 p 81.

INVENTAIRES (les *notaires* ont exclusivement le droit de faire des); 8. 5 frim 27 p 65.

J.

JONCTION (dans une contestation pendante au ci-devant conseil, contenant) de demandes en première *instance* et de demandes sur *appel*, renvoyée devant les nouveaux tribunaux, il fallait préalablement *disjoindre*, et distinguer les objets à décider à la charge de l'appel, d'avec ceux à décider en dernier ressort ; 8. 13 fructid 137 p 313.

JUGEMENT qui prononce sur *conclusions* non prises, est nul ; 7. 2 vend 2 p 3.

JUGEMENS doivent être *datés* du jour qu'ils sont rendus; 8. 13 pluv 61 p 133.

JUGEMENT (il faut considérer comme définitif le) rendu par le tribunal civil qui, prononçant sur la dénégation d'écriture incidente à une affaire pendante devant un tribunal de commerce , renvoie les parties devant le même tribunal pour être fait droit sur l'instance suspendue ; 9. 21 messid 105 p 274.

JUGEMENT rendu sur *délibéré* , ne peut être prononcé en la chambre du conseil ; 7. 22 brum 44 p 94 ; 7. 12 niv 80 p 185.— Il n'a d'existence légale que du jour de sa prononciation à l'audience ; 7. 2 niv 72 p 165 : — les juges qui l'ont arrêté doivent être présens à la prononciation ; 8. 26 vend 10 p 23 : — le rédigé du jugement doit faire mention de la prononciation à l'audience ; 7. 12 niv 80 p 185 ; 9. 2 flor 61 p 155 : — les juges qui ont assisté au rapport et à la plaidoierie doivent être présens à la prononciation ; 7. 2 niv 72 p 165 : — les juges qui n'ont pas assisté à la plaidoierie sur laquelle est intervenu un délibéré , ne peuvent coopérer au jugement ; 7. 9 brum 39 p 81 ; 7. 18 frim 64 p 145 ; 7. 2 niv 71 p 163 ; 7. 12 niv 80 p 185.

JUGEMENS doivent contenir les termes de la *loi appliquée* ; 7. 7 prair 159 p 369 ; 7. 9 fruct 205 p 477 ; 8. 21 flor 99 p 214 : — ils ne peuvent être fondés sur une *loi étrangère* ; 7. 28 vent 122 p 287.

JUGEMENT doit contenir , à peine de nullité , les *questions* de fait et de droit qui constituent le procès ; le *résultat* des faits reconnus ou constatés par l'instruction et les *motifs* qui ont déterminé le jugement ; 10. 13 vent 77 p 216 : — doit contenir les *motifs* ; 8. 14 niv 48 p 108 ; 8. 23 vent 62 p 173 : — doit contenir les *questions* de fait et de droit qui constituent le procès ; 7. 22 brum 44 p 94 ; 8. 14 niv 48 p 108 ; 9. 4 prair 80 p 206.

JUGEMENT *préparatoire* (dans le), il suffit de poser la *question* qui est à décider ; 10. 6 prair 131 p 386.

JUGEMENT rendu sur *rapport*, est nul lorsque les parties absentes n'ont pas été prévenues du jour qu'il aurait lieu ; soit

en assistant à l'audience , lorsque le tribunal en a fixé le jour ;
soit par la notification du jugement qui l'a fixé ; 7. 14 niv 81
p 188.

JUGEMENT (les juges d'une *section* ne peuvent coopérer an)
rendu par une autre section , qu'autant qu'ils sont nécessaires
pour completter le nombre requis par la loi; 8. 13 pluv 61
p 133 ; 8. 7 vent 71 p 151.

JUGEMENT DÉFINITIF (lorsque parmi les juges qui coopèrent
au) , il y a des juges qui n'ont pas assisté au jugement *purement
préparatoire* qui a précédé , le tribunal ne peut refuser d'entendre de nouveau le défenseur sur tous les points de la cause;
10. 26 prair 135 p 421.

JUGE DE PAIX ne peut depuis l'abrogation de la loi de septembre 1793 concernant le *maximum* , s'appuyer sur cette loi pour
juger en *dernier ressort;* 10. 2 ther 148 p 459.

JUGE DE PAIX ne peut connaitre en *dernier ressort* de l'action
en dommage de bestiaux non déterminé par le demandeur; 10.
21 pluv 64 p 177 : — peut prononcer l'amende contre les individus prévenus d'*injures* et de *menaces* contre les *préposés des
douanes*, étant dans l'exercice de leurs fonctions; 10. 3 vent 73
p 205 : — peut même , *après les quatre mois* fixés par la loi
d'octobre 1790 , pour la durée des instances , rendre jugement
pour se déclarer incompétent ; 9 23 frim 28 p 57.

JURÉS (les plaintes suivies d'*informations annullées* , avant
l'époque de l'installation des tribunaux criminels , donnent lieu
à l'instruction par); 7. 6 therm 196 p 453.

JUSTICE DE PAIX ne peut connaitre de faits d'administration ;
9. 14 vent 46 p 110.

JUSTICE DE PAIX (le jugement rendu en la) sur le fonds , en
présence de la partie qui oppose seulement un moyen de forme ,

est un jugement *contradictoire*, dont l'appel est recevable ;
10. 1 germ 89 p 252.

L.

corps LÉGISLATIF est seul compétent pour décider la question
de savoir si les présidens, secrétaires et scrutateurs des *assem-
blées primaires*, peuvent être traduits devant les tribunaux
pour raison des opérations de l'assemblée ; 8. 21 brum 22
p 52.

LEGS (la nullité du) n'entraîne pas la nullité de l'institution ;
8. 2 brum 15 p 33.

LETTRE-DE-CHANGE (celui sur lequel est tirée une) n'est
pas tenu de l'acquitter, s'il ne l'a pas acceptée ; 7. 7 niv 74
p 169.

LETTRE-DE-CHANGE (l'endosseur d'une) qui ne fournit pas la
preuve que le tireur avait remis des fonds à celui sur qui elle
était tirée, est tenu de la garantie envers le porteur qui n'a
fait protester qu'après l'échéance ; 10. 25 prair 143 p 416.

LETTRES-DE-CHANGE nommément comprises dans l'article 1
de la loi du 6 thermidor an 3, ne sont pas exceptées de sa disposition par l'article 2 de la même loi ; 7. 12 vend 12 p 26.

LETTRES DE RATIFICATION (l'acquéreur qui a payé une partie de son prix à son vendeur, et qui a été contraint de payer le
surplus à la caisse nationale, à cause de la confiscation des biens
du vendeur condamné révolutionnairement, peut-il renvoyer les
créanciers opposans au sceau des) à se pourvoir préalablement
sur les *deniers versés entre les mains de la nation* ?

Oui ; 7. 13 frim 60 p 135.

Non ; 10. 6 vent p 339, par jugement rendu sur nouveau

pourvoi, sections réunies, dans la même affaire que le précédent.

LETTRES DE RATIFICATION (les créanciers opposans au sceau des) ne peuvent exiger la représentation du prix que jusqu'à concurrence de leurs créances : en conséquence faute par eux d'en faire connaître à l'acquéreur le montant, ils sont mal fondés à prétendre nulles les *offres* et la consignation qu'il a faites d'une portion du prix ; 7. 27 niv 88 p 204.

Lois ne sont pas obligatoires avant leur publication au *chef-lieu du département;* 10. 13 brum 21 p 53. — Elles sont obligatoires du jour de leur arrivée au *chef-lieu du département;* 7 11 prair 162 p 375; 8. 3 niv 44 p 100.

Lois (dans l'intervalle de la publication du décret du 2 novembre 1790, à l'exécution du bulletin des lois, établi par la loi du 14 frimaire an 2, les) concernant l'*ordre judiciaire*, n'ont commencé à avoir leur exécution que du jour de leur publication dans les *tribunaux;* 9. 2 vent 40 p 92 ; 10 14 frim 34 p 86; 10. 28 flor 124 p 362. — Elles deviennent obligatoires, par la publication au tribunal, sans qu'il fût nécessaire de rapporter procès verbal de l'apposition des *placards;* 10. 1.er. flor 107 p 297.

Loi (on n'est pas soumis en pleine *mer* à l'exécution d'une) rendue la veille ; 7. 14 vent 115 p 270.

Loi *nouvelle* (lorsque la disposition d'une loi ancienne ne peut concourir simultanément avec l'exécution d'une) celle-ci doit seule demeurer en vigueur, et être exécutée ; 9. 13 vent 45 p 107.

Lois *nouvelles* relatives aux *successions*, ne peuvent être invoquées que dans celles ouvertes depuis leur publication; 7. 14 mess 179 p 413; 9. 14 vend 7 p 12.

LOI DU 12 FRIMAIRE AN 4 (le créancier qui en vertu de la)

refuse son paiement n'est pas obligé de motiver son refus. La faculté de rembourser malgré le refus, n'est réservée par cette loi qu'aux débiteurs *d'effets de commerce*; 9. 21 niv 33 p 70.

Loi du 9 frimaire an 5, relative aux *patentes*, n'est pas constitutive d'un droit nouveau, mais elle est *explicative* de la loi du 6 frimaire an 4; 7. 3 niv 73 p 167.

Loi explicative d'une loi précédente s'applique à l'intervalle entre la publication des deux lois; 7. 3 niv 73 p 167; 7. 27 messid 189 p 435.

Lorraine (l'ordonnance rendue en 1707 par le duc de lorraine, fait *loi* provisoire pour les tribunaux du ci-devant duché de); 8. 22 flor 101 p 221. — L'édit de 1749 sur les gens de *main-morte* n'avait pas force de loi dans cette province; 10. 15 vent p 346.

M.

Main-morte (les *tiers acquéreurs* d'héritages advenus au seigneur à raison du droit de) dans le tems qu'il avait lieu, doivent être maintenus dans leur possession; 8. 3 prair 105 p 232.

Mandats (les paiemens faits en) dans le tems qu'ils valaient *numéraire*, ont le même effet que s'ils eussent eu lieu en numéraire métallique; 8. 11 pluv 58 p 129.

Mari qui ne parait dans une instance que pour autoriser sa femme plaidante pour un bien *paraphernal*, ne peut être condamné personnellement aux *dépens*; 7. 24 vend 22 p 46.

Mariage (les *conventions de*) arrêtées sous *seing privé*, ne peuvent contenir de donation au profit des enfans à naitre; 7. 16 fruct 206 p 479.

Mineur ne peut en pays de *droit écrit*, ester en justice sans curateur; 7. 26 vend 26 p 51.

Mineur (en partage auquel est interessé un), il n'y a pas de *lézion* résultante du seul fait que le mineur a reçu un fonds de boutique en retour de sa part dans les immeubles; 10. 4 vend 3 p 7.

Mineur devenu majeur, n'a que dix ans pour revenir contre les actes par lui consentis en *minorité*; 8. 24 pluv 65 p 139; 10. 25 frim 39 p 103.

Mineurs (le partage de biens meubles et immeubles peut être provoqué vis-à-vis des), sans remplir les formalités prescrites pour l'aliénation de leurs immeubles; 10. 4 vend 3 p 7.

Ministère public ne peut dans les tribunaux civils agir par voie d'*action*; 7. 18 prair 165 p 381.

Ministère public (la *donation* n'est pas au nombre des matières sur lesquelles il est nécessaire d'entendre le); 7. 11 vend 8 p 18.

Ministère public doit être *entendu* dans les causes qui requèrent son ministère, il ne suffit pas qu'il soit *présent*; 7. 19 vend 18 p 38; 7 brum 33 p 70; 10. 13 flor 113 p 312. — Le jugement doit faire mention expresse qu'il a été entendu; *ibid.* et 8 14 niv 46 p 106 : — doit être entendu dans les causes qui concernent soit les *femmes mariées*; *ibid.* et 7. 5 frim 52 p 113; — soit les *mineurs*; 9. 11 flor 71 p 179.

Mont-de-piété (les registres du) sont sujets au *timbre*; 10. 14 vend 9 p 25.

actes de Mutation assujettis au droit de 4 pour cent par la *loi du 14 thermidor an 4*, et au droit de 2 pour cent par les lois précédentes, doivent acquitter le droit de 4 pour cent, lorsque passés *avant* la loi du 14 thermidor ils sont présentés *depuis* à l'enregistrement; 9. 11 flor 70 p 177.

Mutation (la *loi du 9 vend. an 6*, détermine les droits de) dus même pour décès antérieur, lorsqu'ils n'étaient pas encore acquittés; 9. 4 mess 93 p 241.

MUTATION (les héritiers succédans à une *nue propriété*, doivent dès-lors le droit de), quoique l'usufruitier ait payé celui relatif à l'usufruit ; 9. 13 flor 73 p 185.

MUTATION (la *prescription* pour le droit de) des successions est suspendue, pendant l'intervalle que la nation s'en est trouvée saisie ; 9. 22 vend 10 p 20 ; 9. 3 ther 117 p 302 ; 10. 20 prair 142 p 412.

MUTATION (celui qui a payé le droit de) pour une *succession* conformément à sa propre déclaration, ne peut en demander la réduction sous prétexte que lors d'une opération avec la république, les biens ont été estimés à une moindre valeur ; 10. 4 frim 32 p 81.

MUTATION (il n'est point dû de droit de) dans une *succession* de frère à frère pour la maison échue au survivant par le partage fait avec le défunt des biens de la mère commune ; 10. 7 flor 110 p 304.

N.

biens NATIONAUX (les tribunaux doivent maintenir les *adjudicataires* de) dans leur propriété ; 10. 29 flor 126 p 272.

bois NATIONAUX (en contestations relatives au paiement du prix de) les tribunaux de première instance ne peuvent connaître qu'à la charge de l'*appel*, lorsque l'objet de la demande excède mille francs. 10. 13 prair 137 p 400.

NAVIRE *capturé*. Voyez *navire* CAPTURÉ.

NAVIRE (la qualité alléguée de) de *fabrique ennemie*, doit être vérifiée pour asseoir la décision sur la validité de la prise ; 7. 28 vent 122 p 287.

NAVIRE (ne peut être réputé *français* le) construit en pays étranger ; 8 23 mess 120 p 269 : — ni celui dont les officiers et les trois quarts au moins de l'équipage ne sont pas français, *ibid.*

Navire (les condamnations personnelles contre le maitre du) chargé de marchandises sujettes à des droits, et non portées sur le manifeste du capitaine, s'exercent même sur les autres marchandises ; 9. 11 flor 67 p 169.

Neutralité du navire est suffisamment prouvée par la charte-partie et les connaissemens ; 7. 28 fruct 212 p 491.

Neutralité du navire est suffisamment établie par l'une des *pièces de bord*; 7. 24 ther 203 p 471. — La nullité du passeport n'empêche pas que les autres *pièces de bord* puissent constater la neutralité du bâtiment et des marchandises; 7. 17 pluv. 98 p 226.

Neutralité (aucun bâtiment ne peut être réputé neutre, si la) n'est pas justifiée par le passe-port ou autre *pièce de bord*; 7. 22 flor 149 p 343.

Neutralité (lorsque les *pièces de bord* établissent la) de *marchandises* chargées dans un navire neutre avec des marchandises ennemies, les marchandises reconnues neutres ne peuvent être confisquées ; 7. 4 pluv 91 p 214.

bâtiment Neutre (le *connoissement* d'un) doit être signé par les chargeurs : la signature du capitaine ne suffit pas ; 7. 22 flor 149 p 343.

bâtiment Neutre (lorsque les marchandises de *contrebande* sont au-dessous des trois quarts de la cargaison d'un), il n'y a pas lieu à la confiscation du bâtiment; 7. 25 frim 67 p 151.

bâtiment Neutre (parmi les gens de l'*équipage* d'un), on ne peut considérer comme sujets d'une puissance ennemie, ceux qu'un traité avec une puissance neutre donne lieu de considérer comme neutres ; 7. 24 ger 130 p 305. — La preuve de la nécessité du renouvellement de son *équipage* n'a lieu qu'autant que ce renouvellement devient nécessaire en pays ennemi ; 7. 11 frim 57 p 124.

bâtiment Neutre doit naviguer librement en tems de *guerre*; 7. 11 frim 57 p 124.

bâtiment Neutre (le port auquel relâche le) pendant le tems désigné par le passe-port pour son voyage, ne peut être considéré après sa sortie comme *port de départ*; 7. 19 germ 127 p 298.

bâtiment Neutre (on peut admettre la *preuve par témoins* du fait que le) a abusé de la neutralité; 7. 29 brum 51 p 104.

bâtiment Neutre. Rôle d'équipage. *Voyez* Rôle d'équipage.

personnes Neutres (des saumons pris sur un navire anglais, déclaré de bonne prise et revendus à des), ne peuvent être considérés dans la main de ces neutres comme marchandise provenant d'*Angleterre*; 7. 29 fruct 213 p 494.

port Neutre (on ne peut confisquer un navire *étranger*, après avoir été signalé dans un); 7. 14 vent 115 p 270.

propriété Neutre doit être établie par les pièces de bord, sans avoir égard aux pièces non signées; 8. 8 brum 20 p 47.

exception Non numeratæ pecuniæ ne peut être opposée par l'un des débiteurs *solidaires*, lorsqu'il est constant que l'autre a reçu le montant de l'obligation; 10. 23 ger 104 p 289.

Notaires ont exclusivement le droit de faire des *inventaires*; 10. 11 frim 33 p 83. — Sont assujétis à faire mention de leur *patente* dans les actes qu'ils reçoivent comme notaires; 8. 7 vent 73 p 157.

Novation (le délai requis par le créancier et octroyé par le débiteur pour effectuer un remboursement offert, n'opère pas); 7. 21 brum 43 p 92.

Nullité (on ne peut avoir égard à la) provenant du *fait* de celui qui l'oppose; 8. 4 germ 89 p 189.

Nullité (on ne peut avoir égard sur l'*appel* à la), qui n'a pas été proposée en première instance; 6. 4 ger 89 p 189.

Nullité (on ne peut opposer en *cassation* la) des actes, dont la validité n'a pas été débattue devant les premiers tribunaux. 10. 4 niv 44 p 118.

O.

Obligation (on ne peut transférer une), au préjudice d'une opposition subsistante ; 9. 3 prair 78 p 200.

Office (les prétendans droit à la propriété d'un) qui n'ont pas conservé leurs droits par une opposition, ne peuvent critiquer le *transfert* consenti à leur profit par le dernier titulaire au nom duquel l'office a été liquidé ; 10. 4 vent 74 p 207.

Offices seigneuriaux (l'obligation de rembourser des), ne concerne que celui qui se trouvait propriétaire au moment de la suppression ; 10. 27 flor 123 p 360.

Opposant (dans l'étendue de la ci-devant *Lorraine* l') à un jugement par défaut, n'est pas tenu d'offrir la réfusion des *dépens*, mais seulement de les payer lorsqu'ils sont taxés ; 10. 22 ther 162 p 474.

Opposant à un jugement par défaut rendu à un *jour non indiqué* par l'assignation, qui comparaît sur son opposition, sans proposer ce moyen, devient non-recevable à le proposer sur l'*appel* du jugement rendu sur son opposition ; 9. 13 prair 84 p 218.

Oppositions entre les mains des délégués des fournisseurs de la *marine*, ne sont pas assujéties aux formalités prescrites pour les oppositions sur la trésorerie nationale; 9. 3 prair 78 p 200.

Opposition (le défaut d') au sceau des lettres de provision d'un *office*, n'éteignait pas le privilége militant contre le titulaire ; 8. 28 vent 86 p 180.

Opposition (dans les *Pays-Bas Autrichiens* on peut recevoir l'P) à un jugement rendu par défaut faute d'administrer la preuve autorisée par un précédent jugement ; 10. 14 brum 24 p 60.

P.

Papier-monnaie (les *à-comptes* sur arrérages payés pendant le), ayant été payés sans désignation de terme , n'empêchent pas lors de la liquidation , la réduction des arrérages échus pendant le papier-monnaie ; 9. 3 ger 50 p 122 ; — *idem*. des à-comptes payés en numéraire depuis la disparution du papier-monnaie ; 8. 27 niv. 51 p 115.

Papier-monnaie (l'obligation que contracte l'acquéreur pendant le) , de payer en l'acquit de son vendeur , doit être réglée par les lois concernant l'aliénation des immeubles , et non par les lois concernant les obligations des emprunteurs envers les prêteurs ; 8. 15 nir 49 p 111.

Papier-monnaie (les arrérages courus pendant le) de rentes antérieures , sont réduits à l'échelle de proportion ; 9. 24 mess 113 p 292.

Papier-monnaie (le débiteur par *compte courant* dont la soulte était payable en) doit la soulte réduite à l'échelle de proportion , eu égard au tems où le compte avait été arrêté , et non pas eu égard à l'époque de la radiation de la liste des émigrés du débiteur qui n'a pas continué ses relations commerciales ; 10. 2 ther 159 p 465.

Papier-monnaie (le *délégataire* qui s'est chargé de payer l'acquit du délégant son vendeur , des obligations contractées pendant le) , ne peut s'en faire décharger sans mettre en cause son vendeur ; 7. 16 fruct 207 p 482.

Papier-monnaie (la *délégation* résultante d'un contrat

passé pendant le cours du), oblige le délégataire à rapporter les quittances des créanciers délégués: lorsqu'il s'y est soumis à ses risques et périls, il ne peut être admis à résilier l'acte, en remboursant au déléguant le prix de la délégation d'après l'échelle de proportion; 7. 13 pluv 96 p 224.

PAPIER-MONNAIE (les fournitures et constructions faites pendant le), doivent être payées suivant la réduction, eu égard au tems des fournitures et *ouvrages* d'où naît l'obligation, et non pas eu égard au tems où le mémoire a été réglé; 10. 13 vent 78 p 218.

PAPIER-MONNAIE (les *paiemens* définitifs faits pendant la circulation du) libèrent le débiteur; 9. 11 prair 81 p 211. — La clause apposée pendant le papier-monnaie, portant que le paiement n'aura lieu qu'après une époque déterminée, doit avoir son exécution; 8. 15 niv 49 p 111.

PAPIER-MONNAIE (le débiteur de rente viagère constituée pendant le) qui a laissé passer le tems pour demander la *réduction* parce qu'il prétendait ne rien devoir, n'est plus recevable par la suite à demander la réduction de la même rente; 9. 23 ther 124 p 324.

PAPIER-MONNAIE (les offres de remboursement de sommes dues en), ne peuvent se faire en papier de pareille nature, mais doivent se faire en *numéraire*, d'après la valeur au cours; 10. 11 vend 4 p 9.

PAPIER-MONNAIE *rente viagère*. Voyez RENTE VIAGÈRE, *papier-monnaie*.

PAPIER-MONNAIE (la portion du prix d'une maison vendue pendant le), payable à un terme fixe qui échoit depuis la *suppression* du papier-monnaie, est payable en numéraire, sans réduction; 10. 1 ther 156 p 453.

PAPIER-MONNAIE (prêt fait pendant le) sous la condition que la somme sera rendue à différens termes réglés , *en espèces de matière d'or et d'argent* , *ou en assignats*, s'ils ont cours, est est payable numéraire sans réduction , pour les termes qui viennent à échoir depuis la suppression du papier-monnaie; 10. 1 therm 157 p 458.

PAPIER-MONNAIE (les billets souscrits pendant le) pour *valeur fixe*, ne sont pas payables en numéraire métallique, mais à l'échelle de proportion ; 7. 17 frim 62 p 140.

PARTAGE n'est pas un acte translatif de propriété ; il ne peut être considéré comme tel en matière d'*enregistrement* ; 7. 2 vent 108 p 250 ; 9. 14 mess 101 p 265.

PASSAGERS (suivant le traité avec les Etats-Unis d'Amérique, la permission des officiers de marine du port dont sort le bâtiment , est nécessaire à l'égard des) seulement : elle n'est pas nécessaire à l'égard de ceux qui composent l'équipage; 7. 12 pluv 93 p 218.

PASSE (le droit de) est dû à raison de tout cheval qui traverse la barrière ; 8. 13 mess 115 p 259. — *Le juge de paix* ne peut juger en *dernier ressort* d'une contestation relative à ce droit, lorsqu'un procès-verbal constate des injures contre l'un des préposés ; 7. 1 mess 170 p 392. — Il n'est pas nécessaire que deux préposés signent le *procès-verbal* de contravention au droit de passe ; 10. 29 flor 127 p 374.

PASSE (les contestations civiles , relatives à l'application du tarif du droit de) sont de la compétence de l'autorité administrative ; 10. 3 pluv 56 p 153 ; 10. 14 pluv 63 p 173 ; 10. 15 vent 86 p 241.

PASSE-PORT (la relâche forcée ne peut être considérée comme une infraction au) ; 7. 2 flor 139 p 324. — Le passe-port est nul , s'il est prouvé qu'au moment de l'expédition le navire n'était dans aucun des ports du prince qui l'a accordé ; 8. 12 vend 6 p 14. —— Les présomptions ne suffisent pas , il faut des *preuves* pour faire prononcer la *nullité du passe-port*, délivré par une puissance neutre, dans le cas où l'on veut établir que le navire capturé n'était pas, au moment du passe-port, dans les états du prince qui l'a accordé; 7. 17 plur 98 p 228.

Patente (le défaut d'énonciation de la) de l'huissier, n'entraîne pas la nullité de l'exploit ; 7. 7 niv. 75 p 172; 7. 18 vent 116 p 273.——Le défaut d'énonciation de la patente de la partie, entraîne la nullité de l'exploit ; 7. 7 niv 75 p 172.

Patente(le *marchand* patenté pour l'année pendant laquelle il a fait une affaire de commerce, doit avoir) pour l'année, pendant laquelle il intente son action ; 9. 21 therm 123 p 322.

Patente (le *marchand de bois* qui exploite une forêt, et vend sur le lieu en corde et voie à ceux qui se présentent, est sujet au droit de) des marchands de bois en chantier; 7. 22 brum 46 p 98.

Patente (le *tisserand* qui ne travaille pas pour un maître , est sujet au droit de) ; 7. 6 frim 56 p 122.

Péremption d'instance (on ne peut opposer au bout de quatre mois la) dans la *justice de paix* , à celui qui a mis sa cause en état d'être jugée dans le délai prescrit ; 10. 13 brum 20 p 5o.

Péremption d'instance (la substitution des *tribunaux civils de département* aux tribunaux de district, n'a pas empêché l'effet de la) ; 8. 23 niv 5o p 113.

Pilotes-lamaneurs (tout bâtiment *au-dessus de quinze tonneaux* , est sujet, dans le passage de Quilleboeuf, à employer et payer les); 10. 8 flor 112 p 310.

Portage (les *droits de*) originairement perçus au profit des villes, ne sont pas compris dans la suppression des *droits féodaux* ; 7. 26 ger 137 p 318.

POSSESSION (la longue) couvre les nullités dans les titres anciens; 7. 24 vend 20 p 41.

PRÉFET peut valablement poursuivre en cause d'appel, les actions suivies en première instance par le receveur du domaine; 10. 22 flor 122 p 357. — N'est pas obligé de se servir du ministère des *avoués*, lorsqu'il plaide pour les intérêts de la république ; 10. 16 mess 152 p 433 ; 10. 29 therm 163 p478.

PREUVE TESTIMONIALE (on ne peut être admis à la) contre le contenu en un acte, sans *commencement de preuve par écrit* 7. 21 vent 117 p 275.

PREUVE TESTIMONIALE peut être admise au-dessus de 100 f. dans les tribunaux de *commerce*; 9. 3 prair 77 p 198.

PREUVE TESTIMONIALE (on ne peut admettre la) du fait que le second acte, par lequel il a été dérogé à la convention contenue dans le premier, a existé et a été perdu ; 7. 3 pluv 89 p 209.

PRISE (sur les circonstances de la) que l'on soutient faite sous *pavillon étranger*, il ne suffit pas d'entendre des gens de l'équipage du bâtiment capturé; il faut encore entendre les gens de l'équipage du bâtiment captureur; 7. 19 ger 128 p 300.

PRISE (il n'appartient pas aux tribunaux de statuer sur le sort d'une) faite par des Français montés sur un vaisseau étranger portant *pavillon étranger*; 8. 17 frim 33 p 77.

PRISES *maritimes* (le *délai d'appel* de dix jours fixé en matière de) par la loi du 4 germinal an 6, ne court que du jour de la signification; 7. 18 frim 65 p 147. — Ce délai doit être de dix jours francs, *ibid.*

PRISES *maritimes* (la *législation ancienne* sur les) a été maintenue provisoirement par l'art. 5 de la loi du 14 février 1793 ; 7. 11 frim 57 d 124. — Les *lois* concernant cette matière, ne sont pas exécutoires avant leur publication dans les départemens ; 7. 3 flor 141 p 329.

PRISES (les marins débarqués pour cause de *maladie* participent dans tous les cas, aux) faites dans le mois depuis leur débarquement ; 9. 12 flor 72 p 181.

PRIX resté entre les mains de l'acquéreur ne peut être assimilé ni au *dépôt* ni au *prêt* ; 10 29 flor 125 p 367.

PROCÈS-VERBAL (la *citation* à donner à comparoir dans les 24 heures du) qui constate la contravention, est valablement donnée à comparoir le sur-lendemain lorsque le lendemain est jour de repos ; 10. 3 vent 71 p 199.

PROCÈS-VERBAL (la nullité du) de saisie prononcée pour vice de forme, n'empêche pas la *confiscation* des objets saisis dont la sortie est *défendue* ; 8. 6 vend 2 p 3 ; 9. 1er. ger 48 p 114.

PROCÈS-VERBAL (en matière de *douanes*, il n'est pas nécessaire que l'*affiche* du) de saisie soit constatée par un acte séparé ; 9. 13 prair 84 p 218. — Il n'est pas nécessaire qu'il soit *affiché* avant le coucher du soleil ; 9. 11 flor 68 p 172. — Il n'est pas nécessaire qu'il soit signifié en cas d'absence de la partie saisie à *l'agent de la commune* dans l'étendue de laquelle elle a été faite ; 8. 7 brum 18 p 41.

PROCÈS-VERBAL (les *préposés des douanes* sont seulement tenus de se conformer dans leur) aux dispositions de l'article 2 de la loi du 14 fruct an 3 ; 8. 6 vend 2 p3 ; et 8. 7 brum. 18 p 41.

PROCÈS-VERBAL dressé pour contravention au *timbre*, n'est pas assujetti à la formalité de l'affirmation ; 9 13 mess 98 p 256 ;

10. 2 brum 14 p 38 ; 10. 2 brum 16 p 41 ; 10. 13 brum 19 p 49 ; 10. 1er. vent 69 p 193 ; et 10. 21 ger 100 p 278.

PROCÈS-VERBAL de saisie qui doit être *visé* dans les 24 heures, est valablement visé le sur-lendemain, lorsque le lendemain est jour de repos ; 10. 3 vent 72 p 201.

PROCUREUR-GÉNÉRAL-SYNDIC de département ne pouvait *plaider* sans être autorisé par l'administration ; 9. 3 fruct 127 p 333. — On ne pouvait *intenter action* contre lui, sans avoir préalablement présenté mémoire à l'administration, *ibid.*

PROPRES (remploi des) accordé à la femme, s'étend aux propres fictifs ; 10. 22 ger 103 p 286.

PROPRIÉTÉ (acte sous *seing-privé*, translatif de) présenté à l'enregistrement après l'expiration des trois mois de sa date, est sujet au *triple droit* ; 9. 24 ger 60 p 153.

PROTÊT (le *défaut* de) dans les délais fixés par la loi, n'établit pas une fin de non-recevoir en faveur de l'accepteur ; 9. 13 frim 25 p 51.

PROTÊT fait avant l'échéance contre le débiteur en *faillite*, est valable à l'égard de l'endosseur ; 10. 11 pluv 59 p 162.

PROVISION (lorsqu'il y a contrats, obligations, promesses reconnues ou condamnations prononcées par jugement de première instance dont il n'y a pas d'appel, le jugement de) est *exécutoire*, à quelque somme que la condamnation puisse monter ; 10. 22 vent 80 p 226.

PURGEMENT (dans le pays de *Liége*, il n'y a pas lieu au) de la saisie décrétée faute de paiement d'une *rente foncière*, un an après la prise de possession du saisissant ; 9. 23 ger 59 p 149 ; 10 12 pluv 62 p 170.

R.

RAPPORT (*le jour du*) doit être indiqué par le jugement qui

nomme un rapporteur ; 7. 2 niv 71 p 163. — Doit être connu
de toutes les *parties* ; 7. 25 ger 136 p 316 ; 8. 17 vend 7 p 17 ;
8. 27 vent 84 p 176.

RAPPORT (c'est le cas d'annuller un jugement rendu sans)
préalable , lorsqu'un précédent jugement ordonne le rapport et
nomme un rapporteur ; 9. 11 therm 119 p 308.

RAPPORT *des immeubles* ne peut être demandé en *nature* , que
dans la succession du donateur ; 10. 4 vend 3 p 7.

RAPPORT (les offres de) à la masse de la *somme* reçue en
avancement d'hoirie et la consignation subséquente, ne sont pas
régulièrement faites *avant* le partage qui liquide les droits des
parties ; 7. 18 prair 165 p 381.

RAPPROCHEMENT des biens vendus à des *gens de main-morte* ,
autorisé par la coutume de *Liége* , et par un édit de Charles **V**
dans la Belgique , est compris dans la suppression des retraits ;
10. 21 niv 50 p 134. — En conséquence la demande qui en est
formée ne peut être adjugée par les tribunaux, depuis la promulgation dans le pays de la loi du 19 juillet 1790 ; 7. 23 flor
150 p 346 ; et 7. 9 mess 177 p 402.

REMISE doit-elle avoir lieu dans chaque *ligne paternelle* et
maternelle du défunt ?

Oui ; 7. 28 mess 193 p 445.
Non ; 10. 13 flor 114 p 314.

Et en outre , pour le même avis, le jugement célèbre rendu sous la
présidence de Tronchet, du 12 brumaire an 9, mais il n'est pas dans le
bulletin.

RÉFÉRÉ AU CORPS LÉGISLATIF ordonné mal-à-propos, ren-
ferme excès de pouvoir ; 7. 21 fruct 208 p 484. 8. 26 vend 11
p 25 ; 9. 12 frim 24 p 49.

RÉFÉRÉ AU CORPS LÉGISLATIF (tout jugement qui sous la constitution de l'an 3 ordonne) sur l'interprétation d'une loi ou article de loi dont le sens est clair, est contraire à l'art. 203 de cette constitution, en ce qu'il tend à faire immiscer le corps législatif dans les fonctions judiciaires dont elle lui interdit l'exercice ; 7. 6 vend 7 p 15 ; 7. 12 vend 13 p 26 ; 7. 26 vend 24 p 51 ; 7. 8 brum 34 p 71 ; 7 8 brum 35 p 73 ; 7. 1er niv 68 p 157 ; 7. 13 pluv 96 p 224 ; 7. 14 vent 115 p 268 ; 7. 8 flor 143 p 333 ; 7 19 prair 168 p 388 ; 7. 17 ther 201 p 466.

REMBOURSEMENS (la suspension des) décrétée par la loi du 25 messidor, s'applique au remboursement offert et contesté avant la loi, mais qui par arrangement antérieur ne devait être effectué qu'à une époque postérieure ; 7. 21 brum 43 p 92.

RENTE payée pendant plus de 70 ans, au ci-devant seigneur du lieu sans qu'on connaisse son *origine*, ne doit être réputée ni féodale, ni foncière ; 10. 22 prair 9p 337.

RENTE *retenue*. Voyez RETENUE.

RENTE CONVENANCIÈRE (jusqu'au rachat de la) le domanier es. tenu d'en continuer le service ; 9. 4 vent 42 p 101.

RENTE FONCIÈRE (la loi du 20 août 1792, qui défend, article premier du titre 3, de percevoir plus de cinq années d'*arrérages* de), ne s'applique qu'aux arrérages postérieurs, et non pas à ceux échus antérieurement ; 8. 24 prair 110 p 245 ; 9 11 vend 1 p 1.

RENTE FONCIÈRE (le demandeur en paiement d'arrérages d'une), doit désigner l'*héritage* sur lequel il prétend que sa rente est assise ; 8. 29 niv 54 p 120.

RENTE FONCIÈRE (la *solidarité* des redevables de) est abolie ; 8. 29 niv 54 p 120.

RENTE VIAGÈRE constituée pendant le *papier-monnaie*, est sujette à *réduction*, quoiqu'il soit dit que les arrérages seront

payés à un tiers en l'acquit du créancier; 9. 3 frim 20 p 39.
— Pour déterminer la réduction il faut avoir égard à l'époque
de la *constitution* de la rente , et non pas à l'époque de l'origine
de la *dette* convertie en rente; 9. 24 ther 125 p 327. — Rente
viagère n'est pas sujette au remboursement ; 9. 23 flor 76 p 193.

RENTE VIAGÈRE constituée avant 1790 , est sujette à la *retenue* relative à la contribution foncière, lorsque le contrat ori-
ginaire ne fait aucune mention de la non-retenue des impositions ; 8. 14 vent 78 p 167.

RENTE VIAGÈRE (aucune loi n'ayant fixé le taux de la), les
arrérages convenus ne peuvent être regardés comme *usuraires* ;
7. 11 prair 163 p 376; 9. 15 vend 8 p 15.

REPRÉSENTANT (en pays de droit écrit , le) ne doit pas les
dettes du représenté , à la succession duquel il a renoncé; 7. 5
frim 52 p 113.

REQUÊTE CIVILE (il n'est plus nécessaire de joindre à la demande en) la *consultation* de trois hommes de loi; 9. 21 frim
26 p 54.

REQUÊTE CIVILE contre le jugement d'un *tribunal civil de
département*, ne pouvait être portée devant le tribunal qui avait
rendu ce jugement ; 7. 1er niv 68 p 157.

RESCISION (la fraude, la circonvention , la crainte et la vio-
lence , sont des moyens de) contre les *contrats*; 7. 4 vend 3
p 6.

RESCISION d'un contrat de vente dont le prix est payable
partie en *espèces sonnantes* , partie en *assignats* , doit être réglée pour la portion payable en espèces par l'art. 8 de la loi
du 19 floréal an 6, et pour la portion payable en assignats par
l'article premier de la même loi ; 7. 22 vent 118 p 278.

RESCISION (on ne peut attaquer les contrats par voie de) après un laps de tems de plus de dix ans; 7. 11 prair 163 p 376.

RESCISION (les cas où la), pour cause de lésion d'outre moitié, peut être admise, sont clairement exprimés par les lois ; 7. 8 flor 143 p 333.

RESCISION (on ne peut se pourvoir par) contre la vente d'une maison construite sur un terrein national ; 9. 11 messid 95 p 248.

RÉSILIATION est sujette au *droit proportionnel* de 4 pour 100, non-seulement sur le prix, mais encore sur les *indemnités* consenties en faveur du vendeur; 10. 14 brum 23 p 57.

RÉSILIATION consentie en *bureau de conciliation*, est résiliation volontaire et non judiciaire; elle est sujette au *droit proportionnel*; 9. 1 frim 19 p 37.

RETENUE (il faut convention expresse pour affranchir de la) relative aux impositions, les intérêts dûs, soit pour un capital non aliéné; 10. 29 germ 106 p 294; — soit pour une rente ; 10. 13 ger 96 p 269.

RETENUE (la stipulation relative à l'affranchissement de la) relative aux impositions, valablement consentie avant la loi de 1790, a son exécution pour la retenue relative à la contribution foncière ; 8. 17 pluv 63 p 137.

RETRAITS (les lois *per diversas* et *ab anastasio*, ne sont pas abolies par les lois relatives aux x); 10. 11 germ 93 p. 263.

effet RÉTROACTIF (les *jugemens* qui ont leur fondement dans l') de la loi du 17 nivose, ne peuvent avoir leur exécution ; 8. 16 brum 21 p 49. — *Idem. des partages* ; 7. 19 therm 202 p 468.

abolition de la Rétroactivité n'a pas donné atteinte aux *jugemens* rendus d'après la loi du 17 nivose, mais qui n'avaient pas leur fondement sur l'effet rétroactif; 9. 21 therm 122 p 316. — Elle n'empêche pas que dans les successions ouvertes depuis cette loi . l'héritier qui accepte ne soit tenu de rapporter les donations *antérieures*; 9. 23 messid 111 p 288.

abolition de la Rétroactivité (les personnes déchues par l') ont la faculté de retenir en biens héréditaires le montant de leur portion légitimaire; 8. 15 frim 32 p 74.

Revendication (la demande en) doit contenir la désignation précise des biens revendiqués; 8. 14 niv 45 p 10.

Rôle d'équipage (les eaux de Hambourg et Altona étant communes, le) est régulièrement arrêté à Altona comme lieu de départ, quoique le navire soit dans le port de Hambourg; 7. 28 flor 151 p 348.

Rôle d'équipage (le contrat d'*engagement* qui ne désigne pas le lieu de la naissance et la demeure des personnes engagées, ne peut tenir lieu de); 8. 24 vend 9 p 21.

Rôle d'équipage (d'après le traité avec les Etats-Unis, la signature des témoins sur le) n'est pas nécessaire; 7. 2 flor 139 p 324. — Suivant le traité de 1778, il n'est pas nécessaire que les témoins qui ont signé l'original du rôle, en signent l'extrait; 7. 4 pluv 90 p 211.

Rôle d'équipage (les étrangers reçus en pleine mer, par motif d'humanité, n'empêchent pas la régularité du) sur lequel ils n'ont pu être inscrits; 7. 4 pluv 90 p 211.

Rôle d'équipage (le défaut d'*inscription* sur le) de celui que le passe-port et les pièces de bord indiquent pour capitaine, et d'un jeune homme au-dessous de l'âge son domestique, n'empêche pas la régularité du rôle; 7. 4 pluv 90 p 111.

Rôle d'équipage (l'art. 9 du réglement de 1778 n'ayant pas exigé que les individus qui arrêtent le) y fassent mention de leur qualité d'*officiers publics* , il suffit qu'elle soit constatée par les autres circonstances ; 7. 24 therm 203 p 471.

Rôle d'équipage (tout bâtiment étranger est de bonne prise, lorsqu'il n'a pas à bord le) arrêté par les officiers publics du lieu *neutre* dont il est parlé ; 7. 1 brum 27 p 56.

Rôle d'équipage (l'indication du domicile et du lieu de la naissance dans le) des *bâtimens neutres* , prescrite par le traité entre la France et les Etats-Unis de l'Amérique, ne s'étend pas aux autres puissances neutres ; 7. 25 frim 67 p 151.

Rôle d'équipage des *bâtimens neutres* doit contenir les noms, surnoms et demeures des *matelots* ; 7. 16 messid 132 p 420.

Rôle d'équipage (le capitaine d'un *bâtiment neutre* peut faire arrêter un nouveau) dans le port de *relâche*, lorsqu'il est obligé de remplacer ceux qui refusent de continuer le voyage; 7. 19 ger 127 p 298.

S.

Saisine-réelle commencée et suivie sur le *tuteur* seul, est *nulle* à l'égard de l'enfant *majeur* lors du commandement qui a précédé la saisie-réelle; 8. 24 messid 121 p 272.

Saisie et nantissement , (la transcription au greffe du tribunal, substituée a la formalité de) par la loi des 4 et 11 août 1789, n'est plus nécessaire depuis celle du 13 avril 1791 ; 9. 14 mess 104 p 271.

Salpêtrier tenu de rendre la même quantité de matière, n'est pas tenu de rendre des matériaux propres à la construction ; 7. 29 mess 191 p 449 ; 8. 29 niv 55 p 122 ; 9. 13 vend 5 p 9.

Sauf-conduit (le directoire exécutif pouvait accorder à un français ou à un neutre) pour le *navire* et la cargaison , non-obstant la loi du 1er. août 1793 ; 7. 9 niv 79 p 183.

Société (tout *acquéreur* d'une action de) succède de droit aux bénéfices et aux charges de l'associé qu'il représente ; 8. 23 vent 82 p 173.

Solidairement (celui qui promet payer une dette) avec la succession du débiteur, ne peut être actionné de son vivant; 7. 29 flor 152 p 353.

Solidaires (en la ci-devant *Normandie* les héritiers sont débiteurs) des dettes de leur auteur; 10. 14 nivose 48 p 129.

Solidarité (la circonstance que l'un des héritiers débiteurs solidaires est *émigré* , n'empêche pas l'effet de la) contre les autres héritiers ; 10. 14 niv 48 p 129.

Solidarité (la déclaration de l'un des obligés solidaires qu'il *cautionne* l'autre, n'empêche pas l'effet de la) convenue au même acte; 7. 19 prair 166 p 384.

Successible (la prohibition de rendre à fonds perdu au), s'étend au conjoint du successible; 8. 28 vent 87 p 183.

Succession collatérale, (pendant l'abstention du *premier* appelé à une) les jugemens rendus avec le *second* appelé qui se présente pour recueillir , sont valablement rendus en faveur de l'*hérédité* , et tiennent en faveur de l'héritier plus proche qui par la suite se fait connaître ; 9. 11 frim 23 p 44.

Successions *échues depuis le 14 juillet* (la loi du 17 nivose en annullant les partages déja faits de) n'avait pas annullé les reconnaissances contenues aux mêmes actes; 7. 29 flor 153 p 356.

Successions (la coutume de *Hainaut* doit être suivie dans

les) ouvertes dans l'intervalle de la confection des lois nouvelles sur cette matière à leur publication sur les lieux ; 7. 14 mess 179 p 413.

SUPPLÉANT ne peut coopérer à un jugement, qu'autant que sa présence est nécessaire pour compléter le nombre des juges; 7. 24 pluv 101 p 234; 10. 21 niv 49 p 132.

SURSÉANCE sans motif légitime, est déni de justice ; 7. 28 mess 191 p 441.

T.

TESTAMENT (la déclaration de *ne pouvoir signer*, est suffisamment énoncée dans le) antérieur à la loi du 7 septembre 1791 qui porte : « le testateur n'a pas signé parce qu'il était » illettré, de ce enquis et requis» ; 7. 11 pluv 92 p 216.

TESTAMENT (lorsque le testateur ou les témoins ne signent pas, le notaire est tenu depuis la loi du 7 septembre 1791 à peine de nullité du) de faire mention formelle de la réquisition par lui faite au testateur et aux témoins de signer, et de la déclaration en réponse de *ne savoir* ou *ne pouvoir signer* ; 10. 2 vend 1 p1.

TESTAMENT MYSTIQUE (la *suscription* du) est régulière lorsque les formalités requises sont suffisamment désignées dans l'acte qui en est dressé ; 7. 11 frim 58 p 129.

TIERS-ARBITRE ne peut juger seul sans le concours des deux premiers arbitres ; 7. 24 ger 131 p 307 ; 8. 19 pluv 64 p 138 ; 8. 6 ger 91 p 195 ; 9. 14 fruct 132 p 347 ; 10. 14 brum 21 55 ; 10. 11 pluv 58 p 158.

TIERS-OPPOSANS (les *créanciers* ne peuvent se rendre) aux jugemens rendus contre leur débiteur ; 9. 12 fructid 130 p 341.

TIERCE-OPPOSITION a lieu contre un jugement *arbitral* ; 10. 11 vend 5 p 13.

TIERCE-OPPOSITION (le tiers-opposant admis par un premier jugement ayant acquis force de chose jugée, ne peut, par un second jugement , être déclaré non-recevable dans sa); 9. 15 ger 58 p 148.

TIERCE-OPPOSITION (entre plusieurs co-intéressés à la même chose , le jugement sur la) ne profite qu'à celui qui l'a obtenu ; 9. 15 pluv 36 p 77.

TIMBRÉ (est dû amende pour feuilles non timbrées intercallées dans un registre); 10. 11 prair 132 p 388.

TIMBRÉ (amende contre celui qui emploie à un second acte le papier) qui a servi pour un premier acte, quoique non achevé; 10. 1 frim 30 p 77.

non TIMBRÉ (*imprimeur* d'un placard) est sujet à l'amende , quoiqu'il n'ait pas donné l'ordre de le placarder ; 10. 23 vent 83 p 233.

TIMBRE (sont sujets au) les registres destinés à la perception de l'*octroi de bienfaisance*; 9. 14 mess 102 p 268. — *Idem* de ceux relatifs à la perception d'un droit de péage; 10. 23 vent 81 p 229.

TRAITANT (les contestations qui s'élèvent entre le) d'une entreprise avec le gouvernement et le *sous traitant*, sont du ressort judiciaire ; 10. 12 pluv 61 p 168. — Les contestations relatives aux fournitures faites,depuis que le marché étant résilié , le traitant est devenu simple agent du gouvernement, sont du ressort administratif , *ibid.*

TRANSACTION (on ne peut revenir contre l'accord convenu par); 8. 3 prair 105 p 232.

TRANSACTION (on ne peut faire rescinder une) sous prétexte de pièces nouvellement recouvrées, lorsqu'elles n'ont été ni retenues ni détournées par le fait de l'adversaire ; 10. 1 ger 88 p 260.

TRANSFERT (l'acquéreur qui a vendu à un émigré l'immeuble par lui acquis, ne peut offrir à son vendeur de le payer par) avec *l'inscription* qu'il a reçue de la nation comme créancier de l'émigré pour le prix du même immeuble ; 10. 22 flor 120 p 330.

TRIBUNAL D'APPEL dont le jugement est *annullé*, ne peut connaître de nouveau de l'instance terminée par ce jugement; 7. 8 niv 78 p 181.

TRIBUNAL D'APPEL (*application fausse* de la loi du 16 août 1790 , lorsque le) annulle comme ne contenant pas les questions de fait et de droit , le jugement de première instance qui les contient ; 7. 9 brum 37 p 77.

TRIBUNAL D'APPEL ne peut *confirmer* le jugement qu'il a d'abord infirmé ; 10. 21 flor 117 p 322.

TRIBUNAL D'APPEL, qui en infirmant, adjuge des *dommages et intérêts* , en doit déterminer lui-même la quotité ; 8. 24 prair 109 p 242; 9. 14 niv 31 p 65.

TRIBUNAL D'APPEL qui *renvoie* devant le tribunal de première instance, ne peut interdire la connaissance de l'affaire à quelques-uns des membres de ce tribunal ; 8. 23 prair 111 p 247 ; 8. 22 ther 129 p 293; 8. 13 fruct 136 p 309. — Ne peut renvoyer devant une autre section du même tribunal; 10. 24 frim 38 p 100.

TRIBUNAL D'APPEL qui infirme le jugement de première instance , doit *retenir* la cause, et ne peut la renvoyer devant les premiers juges ; 8. 17 vend 8 p 18; 8. 12 ther 124 p 279.

TRIBUNAL DE CASSATION peut seul arrêter l'exécution d'un *jugement inscrit* sur le registre dans la forme voulue par la loi , contre l'inscription duquel s'élèvent de forts soupçons; 9. 14 flor 75 p 190.

TRIBUNAL DE COMMERCE ne peut connaître en *dernier res-*

sort d'une contestation dont l'objet excède mille francs; 9. 2 pluv 34 p 72.

Tʀɪʙᴜɴᴀʟ ᴅᴇ ᴄᴏᴍᴍᴇʀᴄᴇ (lorsqu'il y a contestation sur la qualité des héritiers d'un marchand, le) est tenu de renvoyer cet incident devant les tribunaux ordinaires; 9. 23 mess 112 p 291.

Tʀɪʙᴜɴᴀʟ ᴅᴇ ᴄᴏᴍᴍᴇʀᴄᴇ ne peut connaître des dommages et intérêts réclamés contre un *lieutenant de port*, relativement aux ordres qu'il a donnés en cette qualité; 8. 25 pluv 66 p 141. — Ni du droit de *patente*; 9. 2 pluv 34 p 72. — Ni de billets portant simple *reconnaissance* de dette, fût-ce même entre marchands; 7. 26 vend 25 p 53. — Doit connaître des obligations d'un entrepreneur de *transports militaires*, vis-à-vis d'un agent de l'entreprise pour fait de cette entreprise; 10. 11 vend 6 p 17.

Tʀɪʙᴜɴᴀʟ ᴄɪᴠɪʟ ne peut prendre pour base de ses décisions les déclarations des témoins entendus par l'officier de police judiciaire; 7. 22 mess 187 p 432.

Tʀɪʙᴜɴᴀʟ ᴄɪᴠɪʟ ᴅᴇ ᴅᴇᴘᴀʀᴛᴇᴍᴇɴᴛ ne pouvait rendre de jugement qu'au nombre de cinq juges au moins; 7. 22 brum 45 p 96.

Tʀɪʙᴜɴᴀʟ ᴄʀɪᴍɪɴᴇʟ (c'est au) à connaître des causes de *l'absence* d'un juge du tribunal civil, pendant qu'il est de service au tribunal criminel; 7. 14 brum 41 p 85.

Tʀɪʙᴜɴᴀᴜx ne peuvent connaître des opérations des corps *administratifs*; 9. 11 flor 66 p 168. — Ni de la validité d'une adjudication faite par l'autorité des corps *administratifs*; 8. 11 pluv 59 p 131. — Ni de l'interprétation des actes *administratifs*; 8. 5 ger 90 p 192 — Ni des faits *d'administration*; 9. 4 ger 51 p 124.

Tʀɪʙᴜɴᴀᴜx sont incompétens pour ordonner qu'il sera fait une enquête par l'*administration municipale*; 8. 2 fruct 133 p 301.

Tʀɪʙᴜɴᴀᴜx

Tribunaux (la contestation entre particuliers sur la question de savoir si quelques pièces de terre font ou non partie d'une adjudication de biens nationaux, est de la compétence des); 9. 3 vent 41 p 99.

Tribunaux ne peuvent connaître en aucune manière de ce qui concerne les *contributions* ; 8. 17 frim 34 p 80 ; 9. 13 vend 6 p 11 : —— ni du droit de *patente* ; 7. 28 mess 191 p 441 : — ni des *portes et fenêtres* ; 8. 12 vend 5 p 13 : — ni du paiement des fournitures faites à l'*étape militaire* , en exécution de réquisitions faites au nom du gouvernement ; 8. 1er. brum 14 p 31.

Tribunaux ne peuvent défendre de mettre à exécution dans leur ressort , le jugement émané d'un autre tribunal ; 8. 3 brum 17 p 38.

Tribunaux ne peuvent connaître du paiement des dépenses ordonnées pour le service d'un hospice de mendicité ; 10. 11 mess 151 p 430.

Tribunaux ne peuvent prononcer en faveur d'individus non-parties dans la contestation ; 7. 8 fruct 204 p 475.

Tribunaux ne peuvent faire de réglemens ; 10. 14 pluv 63 p 173.

Tribunaux ne peuvent connaître des réclamations relatives aux arrêtés des représentans du peuple ; 7. 19 mess 185 p 425.

Tribunaux (dans les) partagés en section , l'une d'elles peut s'adjcindre des membres d'une autre section pour se completter ; 7. 27 fruct 211 p 490 ; — Elle ne peut s'en adjoindre , qu'autant qu'ils sont nécessaires pour completter le nombre de juges requis par la loi ; 9. 4 frim 21 p 41 ; 9. 13 mess 100 p 262.

E

Tribunaux partagés en sections, ne peuvent juger, sections réunies; 7. 18 vend 14 p 31; 7. 19 vend 17 p 37; 7. 3 brum 29 p 60; 7. 24 frim 66 p 150.

U.

Usage (la *révocation* des droits d') prononcée par l'article 1er. du titre 20 de l'ordonnance de 1669, n'a pas été abrogée ni modifiée par les lois nouvelles; 10. 1 frim 28 p 73.

V.

Vacations (la section des) est compétente pour connaître d'une demande en paiement de loyers; 8. 2 niv 43 p 99.

Valenciennes (en la coutume de) celui qui n'avait pas d'enfans pouvait vendre son bien sans le consentement de son *héritier présomptif*; 10. 22 vend 13 p 34.

Vendeur (le jugement qui à défaut de paiement autorise le) à rentrer en *possession* de l'immeuble par lui vendu, est sujet au droit proportionnel de 4 pour 100, comme mutation de propriété; 10. 13 vend 8 p 20.

Vente publique ne peut se faire sans le ministère d'un *officier public*, et sans payer le droit d'enregistrement; 7. 8 niv 77 p 179. — L'*officier public* qui y procède peut se faire aider par qui bon lui semble; 7. 23 fruct. 209 p 486.

Veuves (la loi du 17 nivose a abrogé le statut qui déclare indignes de succéder à leurs enfans du premier lit les) qui passent à de secondes nôces, sans leur avoir fait nommer un tuteur; 8. 22 vent 81 p 171.

Voitures publiques *non suspendues*, partant à jour fixe pour des lieux déterminés, sont assujetties à payer le dixième de leur place; 10. 13 vend 7 p 18.

VOITURES PUBLIQUES (*l'avis imprimé* que fait distribuer l'entrepreneur de), suffit pour établir la fausseté de la *déclaration* par lui faite au bureau sur la nature de son entreprise; 8. 15 vent 80 p 170.

VOITURIER (il ne peut être accordé de dommages et intérêts à un) dont la voiture et les chevaux sont mis en fourière , faute par lui de consigner ou donner caution , pour le droit qu'il refuse de payer ; 10. 23 mess 144 p 448.

ADDITION

Pour les Jugemens du numéro 13 et dernier du Bulletin de l'an 10.

Nota. Cette addition a été nécessitée, par la circonstance que ce numéro n'a paru que pendant l'impression, au mois de ventose an 11.

Quant à la Table chronologique , les lois citées dans ce numéro ont été placées à leur ordre , parce qu'on était encore à temps de faire ce changement.

ACQUIT A CAUTION (le marchand qui lève un), avec déclaration qu'il exporte telle marchandise en sortant par tel bureau , et qui ne représente pas la décharge du bureau indiqué, ne peut être affranchi du double droit par la détérioration des marchandises avant leur sortie , lorsqu'elles n'ont pas été conduites en droiture au bureau indiqué ; 10. 30 ther 165 p 488.

APPEL (on ne peut interjetter) d'un jugement rendu en seconde instance ; 20. fruct 172 p 512.

BATIMENS DE MER *pontés* (les dispositions de la loi du 9 floréal an 7, relatives aux *saisies* faites sur les) dont le déchargement peut se prolonger, ne peuvent s'appliquer aux saisies faites sur un bâtiment *non ponté*, dont le déchargement s'est opéré de suite ; 10. 7 fruct 168 p 496.

Conse (tous jugemens contradictoires et définitifs rendus en), avant sa réunion à la France, ont force de sentences arbitrales ; 10. 28 fruct 175 p 525.

Dernier Ressort (on ne peut se pourvoir par appel contre un jugement qualifié en) qui n'aurait dû être prononcé qu'en premier ressort ; 10. 20 fruct 173 p 517.

Douanes (les lois qui transfèrent des tribunaux de district aux *juges de paix* le droit de connaître en première instance des contraventions aux réglemens concernant les), leur ont par-là même transféré le droit de *viser les contraintes* attribué aux juges de district ; 10. 7 fruct 167 p 495.

Enfant naturel (la loi du 12 brumaire an 2 ne règle pas le sort et les droits de l'), dont le père est décédé *depuis* sa promulgation ; 10. 7 fruct 166 p 491.

Expropriation forcée (le jugement d'adjudication sur) n'est pas assujetti, pour la rédaction, aux formes de l'article 15 du titre 5 de la loi du 16 août 1790; 10. 27 fruct 174 p 522.

Failli (la délibération prise par les *trois quarts en somme* des créanciers du) fait loi pour les autres , qui ne peuvent refuser d'y accéder , même en déclarant qu'ils attendront pour le *paiement* de leurs créances les termes stipulés avec les signataires; 10. 29 ther 164 p. 485.

Fief (la vente du) et Seigneurie de..... avec tant de cens en nature et en argent qui en dépendent, est parfaite dès l'instant du contrat, malgré la clause qu'il sera tenu compte entre les parties à un taux déterminé du plus ou du moins des cens et redevances , suivant l'état qui en sera dressé avant telle époque, lors de laquelle les titres seront remis ; 10. 20 fruct 171 p 507.

Juge de paix ne peut, depuis l'abrogation de la loi de septembre 1793 concernant le *maximum* , s'appuyer sur cette loi pour juger en *dernier ressort* ; 10. 20 fruct 173 p. 517.

CLAUSES RÉSOLUTOIRES (il n'est point dérogé par la loi du 17 nivose an 6 aux), apposées dans le contrat d'aliénation d'immeubles consenti pendant le papier-monnaie; 10. 7 fruct 169 p 499. — Lorsque le contrat contient la clause que l'aliénation sera résolue à défaut de paiement dans les termes fixes, la sommation faite par le vendeur à l'acquéreur de payer les termes échus, ou de résilier, n'est pas une renonciation à la clause résolutoire ; *ibid.*

SUBSTITUTION établie même avant l'ordonnance de 1747 en faveur du *premier enfant mâle* de tel mariage, ne comprend que l'enfant du *premier degré*, et non les enfans du 2e. et autres degrés; 10. 14 fruct 170 p 502.

TRANSACTION (lorsqu'il y a eû) sur une demande formée en justice , et par suite abandon du procès au moyen des arrangemens pris par les parties , on ne doit plus leur permettre de renouveller la procédure éteinte; 10. 20 fruct 172 p 512.

TABLE
DES LOIS
QUI ONT MOTIVÉ LES DÉCISIONS
DU
TRIBUNAL DE CASSATION,

Contenues au Bulletin des jugemens civils de ce tribunal, années 7, 8, 9 et 10.

Nota. Les renvois de cette Table contiennent cinq indications : les trois premières donnent la date par an, jour et mois du jugement ; suit le N°. d'ordre sous lequel est rangé le jugement ; enfin la page où on le trouvera.

LOIS ROMAINES,

Rangées par ordre alphabétique du titre des lois.

INSTITUTES.

§. 3. inst. de empt. vend. . . . . . . 10. 20 fruc 171 p 507.

DIGESTE.

l. 81. ff. de acq. vel omit. hæred. . . 10. 14 fruc 170 p 502.
l. 34. ff. de cond. et demonstr. . . 10. 14 fruct 170 p 502
l. 5. ff. de comm. divid. . . . . . . 7. 4 ther 195 p 451.
l. 7. ff. de excep. rei judic. . . . . . 7. 7 mess 174 p 401.
l. 9. ff. eodem. . . . . 10. 13 niv 47 p 127
l. 12, 13, 14 ff. eod. . . . . 7. 7 mess 174 p 401.
l. 1. §. 6. ff. de pactis . . . . 9. 23 flor 76 p 193.
l. 7. §. 7. ff. eod. . . . . 10. 2 ger 92 p 260.

l. 8. ff. de pericu. et com. . . . . . .   10. 20 fruc 171 p 507.
l. 18. ff. de probationibus. . . . . .   9. 3 prair 79 p 203.
l. 3. ff. de regulis juris. . . . . . .   9 23 flor 76 p 193.
l. 23 ff. de regulis juris. . . . . . .   9. 22 mess 106 p 277.
l. 63 ff. de re judicatâ . . . .   10. 13 niv. 47 p 127.
l. 52 et 67. ff. de societate. . . .   8. 23 vent 82 p 173.
l. 222. ff. de verb. signif . . . . . .   10. 14 fruc 170 p 522.
l. 55. ff. lib. 42. tit. 1. . . . . . .   8. 28 brum 24 p 58.
l. 23 ff. lib. 50. tit. 17. . . . . . .   10. 1 vent 68 p 188.

C o d e.

l. ult. c. de com. divid.. . . . . .   7. 4 ther 195 p 451.
l. 6. c. de dolo malo.. . . . . . .   9. 3 prair 79 p 203.
l. 12. c. de feudis patrim. emphit.   7. 23 niv 87 p 201.
l. si inutiliter c. de fidei comm..   8. 2 brum 15 p 33.
l. 17. c. de fide instrum . . . .   8. 9 vent 76 p 163.
l. 6. c. de hæred. vel act. vendit..   7. 5 prair 156 p 362.
c. de jure emphyteutico. . . . .   7. 23 niv 87 p 201.
l. 6. c. de non numer. pec . . . .   10. 23 ger 104 p 289.
l. 1. c. de novat. et deleg.. . . .   10. 24 frim 38 p 100.
l. 8. c. eod.. . . . .   7. 21 brum 43 p 93.
l. ult. c. eod.. . . . .   10. 24 frim 28 p 100.
l. 20. c. de pactis.. . . . . . .   7. 5 prair 156 p. 362.
l. 15. c. de rei vindicat.. . . . .   7. 5 prair 156 p 362.
l. 9. c. de solutionibus.. . . . .   10. 2 mess 146 p 423.
l. 2, 6. c. de transact . . . . . .   10. 20 fruct 172 p 512.
l. 3 c. qui legitimam person.. . .   7. 26 vend 26 p 54.

N o v e l l e s.

nov. 118. . . . .   7. 5 frim. 52 p 113.

COUTUMES

Et lois étrangères de provinces réunies au territoire français.

Artois art. 89. . . . .   7. 9 flor 144 p 335.
Artois art. 91, 94, 133. . . . .   9. 12 ger 54 p 132.
Bourbonnois art. 299, 323. . .   9. 11 frim 23 p 44.
Bretagne art. 160. . . . . . .   8. 24 frim 38 p 88.
——— 439. . . . .   10. 22 ger 103 p 286.
Chaumont art. 66. . . . .   10. 8 ther 160 p 468.

Corse (statuts de) ex sententiis .   10. 28 fruc 175 p 525.
Dax art. 1, 2. . . . .   9. 14 vend 7 p 12.
Hainault ch. 78 art. 38.. . . . . .   10. 21 ger 102 p 284.
Lavedan , tit. 36 , art. 19.. . . .   8. 16 brum 21 p 49.
Liége (statuts de) chap. 23, art.   {9. 23 ger 59 p 149.
   1 , 27.. . . . .   {10. 12 pluv 62 p 170.
Lorraine 1707. art. 13. . . . .   8. 22 flor 101 p 221.
Lorraine 1707. tit. 12 , art. 6. .   10. 22 ther 162 p 474.
Lorraine , 29 mars 1761. . . . .   10. 15 vent   p 346.
Paris , art. 108 , 178. . . . . .   9. 3 prair 78 p 200.
Normandie, placités 1666, art. 130.   10. 14 niv 48 p 129.
Valenciennes , art. 51, 107. . .   10. 22 vend 13 p 34.
Ordonnances des archiducs d'Au-
   triche, 13 avril 1604, art. 474.   10. 14 brum 24 p 60.
— 583.. . . . .   8. 17 ger 94 p 203.
— 585. . . . .   9. 12 ther 120 p 310.
— 624. . . . .   9. 11 ger 53 p 129.

LÉGISLATION FRANÇAISE.

ANCIENNE LÉGISLATION.

Lois antérieures à l'ordonnance de 1667.

Avril 1453. art. 15. . . . .   7. 13 ther 199 p 462.
Juillet 1493. art. 59. . . . . . .   7. 13 ther 199 p 462.

— 1510. art. 46.. . . . . . .   {7. 29 flor 152 p 353.
                     {7. 6 prair 158 p 366.
                     {7. 11 prair 163 p 376.
                     {7. 19 prair 166 p 384.
                     {8. 6 frim 30 p 71.
                     {9. 23 flor 76 p 193.

— 1535. ch. 8. art. 30. . . .   {7. 4 vend 3 p 6.
                     {7. 29 flor 152 p 353.
                     {7. 6 prair 158 p 366.
                     {7. 11 prair 163 p 376.
                     {7. 19 prair 166 p 384.
                     {8. 6 frim 30 p 71.
                     {9. 23 flor 76 p 193.

Villers-Cotterets. 1539. art. 74..   8. 24 mess 121 p 272.

Villers-Cotterets. 1539 art. 134.	7. 29 flor 152 p 353.
	7. 6 prair 138 p 366.
	7. 19 rair 166 p 14.
	8. 6 frim 30 p 71.
	8. 24 pluv 65 p 139.
	9. 23 flor 76 p 193.
	10. 25 frim 39 p 103.
Orléans. 1560.	8. 3 prair 105 p 232.
	9. 24 pluv 38 p 84.
	10. 1er. germ 85 p 250.
Orléans. 1560. art. 60.	8. 3 brum 16 p 36.
Roussillon. 1563. art. 15.	8. 23 niv 50 p 113.
Novembre. 1563. art. 11.	8. 3 brum 16 p 36.
Arr. de réglement. 1642.	7. 9 flor 144 p 335.

Ordonnance civile de 1667.

Tit. 2. art. 1.	8. 19 frim 35 p 82.
——— art. 1, 2.	8. 3 niv 44 p 101.
——— art. 2.	8. 7 brum 19 p 45.
——— art. 3.	7. 2 vend 2 p 3.
	7. 16 pluv 97 p 226.
	7. 1er mess 171 p 394.
	9. 14 ther 121 p 313.
	10. 12 vent 76 p 213.
——— art. 7.	9. 1 germ 48 p 114.
Tit. 3. art. 3.	9. 22 prair 87 p 226.
——— 5.	7. 2 vend 2 p 3.
——— 6.	9. 3 mess 92 p 240.
Tit. 5. art. 3.	7. 2 vend 2 p 3.
	9. 23 mess. 108 p 282.
——— 5.	8. 3 niv 44 p 100.
	8. 4 ger 89 p 189.
	9. 12 niv 30 p 63.
	9. 12 ger 55 p 136.
Tit. 6. art. 3.	9. 12 ger 55 p 136.
	10. 11 vent 75 p 210.
Tit. 9. art. 3.	7. 2 vent 109 p 253.
	8. 14 niv 45 p 103.
	8. 29 niv 54 p 120.
Tit. 10. art. 1.	7. 1er. vent 166 p 245.
——— art. 1, 5.	10. 13 niv 46 p 124.
Tit. 11. art. 3, 4, 5.	7. 22 niv 84 p 193.
Tit. 14. art. 4.	10. 27 fruct 114 p 522.

Tit. 27. art. 15.	9. 11 fruct 128 p 335.
———— art. 17.	9. 12 vend 2 p 3.
Tit. 31. art. 1er.	{ 7. 24 vend 22 p 46. { 10. 6 vent p 339.
Tit. 35. art. 1er.	{ 9. 21 therm 122 p 316. { 9. 12 fruct 130 p 341.
Tit 35. art. 2.	{ 8. 5 frim 28 p 68. { 8. 5 prair 106 p 235. { 9. 21 fruct 134 p 350. { 10. 11 vend 5 p 13.
Tit. 35. art 3.	{ 7. 22 niv 84 p 193. { 8. 4 vend 1 p 1. { 8. 1 niv 40 p 93. { 8. 14 niv 48 p 108. { 8. 11 ther 123 p 277. { 9. 21 fruct 134 p 350. { 10. 11 pluv 60 p 165.
Tit. 35. art. 34.	{ 7. 8 prair 160 p 370. { 8. 4 fruct 135 p 307. { 9. 15 prair 86 p 222.
Tit. 37. art. 5.	7. 23 niv 86 p 199.

LOIS DEPUIS 1667 JUSQU'A 1700.

Eaux et f. 1669. tit. 20. art. 1,10.	{ 10. 1er frim 28 p 73. { 10. 25 germ 105 p 292.
Ch. des vacations 1669.	8. 2 niv 43 p 99.
Ord. crimin. 1670. tit. 21. art. 4.	7. 6 ther 196 p 453.

Ordonnance du Commerce de 1673.

Tit. 4. art. 9, 12, 13.	8. 13 fruct 136 p 309.
Tit. 5. art. 4.	{ 7. 7 niv 75 p 172. { 8. 4 frim 25 p 61. { 10. 11 pluv 59 p 162.
———— art. 11, 12.	{ 7. 7 niv 74 p 169. { 8. 4 frim 25 p. 61.
Tit. 5. art. 13.	{ 9. 14 ger 57 p 142. { 10. 11 pluv 59 p 162. { 10. 9 flor p 352.
———— art. 14, 15.	{ 9. 14 ger 57 p 142. { 10. 9 flor p 352.
———— art. 14, 15, 16.	10. 23 prair 143 p 416.

——— art. 15, 16. . . . . {8. 4 frim 25 p 61.
——— art. 16. . . . . {9. 14 ger 57 p 142.
——— art. 20, 21. . . . . 9. 14 ger 57 p 142.
——— art. 31 , 32. . . . . {8. 4 frim 25 p 61.
                           {10. 11 pluv 59 p 162.
——— art. 33. . . . . 9. 14 ger 57 p 142.
Titre 11. art 1er. . . . . 8. 2 ther 122 p 274.
——— art. 7. . . . . 10. 29 ther 164 p 485.
Tit. 12. art. 2 . . . . {7. 26 vend 25 p 53.
                           {9. 13 frim 25 p 51.
——— art. 4. . . . . 10. 11 vend 6 p 17.
——— .rt. 16. . . . . 9. 23 mess 112 p 291.
1674. cons. de Tournay. art. 3. . 9. 11 fruct 129 p 339.

Ordonnance de la Marine de 1681.

l. 1. tit. 10. art. 7. . . . . {7. 29 brum 51 p 109.
                           {7. 23 vent 119 p 280.
                           {7. 19 germ 128 p 300.
l. 2. tit. 1. art. 16. . . . . 7. 16 mess 182 p 420.
l. 3. tit. 2. art. 1, 3. . . . . . . 7. 29 brum 51 p 109.
l. 3. tit. 9. art. 4 . . . . {7. 23 vent 119 p 280.
                           {7. 22 flor 149 p 343.
                           {8. 12 vend 6 p 14.
——————— art. 21, 24. . . . . 7. 19 ger 128 p 300.
Édit de 1683. art. 1, 3. . . . . 8. 28 vent 86 p. 180.
17 mars 1696. . . . . 7. 19 ger 128 p 300.

Lois postérieures a 1700.

17 juin 1703. art. 1er. . . . . . . 8. 28 vent 86 p 180.
20 février 1714. . . . . 7. 7 niv 75 p 172.
Donations 1731. art. 1, 2, 10. . 7. 16 fruct 206 p 479.
——————— art. 16 . . . . 7. 17 ther 200 p 464.
——————— art. 46 . . . . 7. 16 fruct 206 p 479.
Testam. 1735. art. 5. . . . . 7. 11 pluv 92 p 216.
——————— art. 9. . . . . 7. 11 frim 53 p 129.
——————— art. 50, 53. . . 9. 14 vend 7 p 12.
Faux 1737. tit. 2. art. 3 , 7, 14,
18, 23 , 27 , 29, 30, 31. . . 9. 22 brum 16 p 32.
Lettres pat. main - morte 1738.
art. 19, 20, 23. . . . . 8. 2 brum. 15 p 33.

Réglement du Conseil de 1738. p 2.
  tit. 1. art. 7. . . . . 8. 4 mess 112 p 251.
21 octobre 1744. art. 1, 2. : . . . 7. 11 frim 57 p 124.
———————— art. 7 . . . . . 7. 12 pluv 93 p 218.
Main-morte 1749. art. 1, 2, 3 . 8. 1er. vent 67 p 142.
———————— art. 24. . . . . 8. 2 brum 15 p 33.

Hypothèques 1771.

Art. 6. . . . . { 10. 28 fruct 175 p 525.
                        { 10. 6 vent p 339.
——— 7. . . . . 7. 27 niv 88 p 204.
——— 9. . . . . { 7. 8 niv 77 p 179.
                        { 10. 2 vent 70 p 196.
——— 15. . . . . 7. 27 niv 88 p 204.
——— 19 . . . . { 7. 13 frim 60 p 135.
                        { 7. 27 niv. 88 p 204.
                        { 10. 2 vent 70 p 196.
                        { 10. 6 vent p 339.
Mars 1772 (corse). . . . . . 10. 28 fruct 175 p 525.
6 février 1778. art. 25, 27. . . . 7. 4 pluv 90 p 311

Réglement du 26 juillet 1778 , sur les prises.

Art. 1er. . . . . { 7. 11 frim 57 p 124.
                        { 7. 25 frim 67 p 151.
                        { 7. 9 niv 79 p 183.
                        { 7. 14 vent 115 p 272.
                        { 7. 6 prair 157 p 364.
                        { 7. 29 fruct 213 p 494.
Art. 2. . . . . { 7. 11 frim 57 p 124.
                        { 7. 25 frim 67 p 151.
                        { 7. 4 pluv 91 p 214.
                        { 7. 17 pluv 98 p 228.
                        { 7. 3 flor 141 p 329.
                        { 7. 24 ther 203 p 471.
                        { 7. 28 fruct 212 p 491.
                        { 8. 8 brum 20 p 47.
Art. 4. . . . . { 7. 25 frim. 67 p 151.
                        { 7. 17 pluv 98 p 228.
                        { 7. 19 ger 127 p 298.
                        { 7. 22 flor 149 p 313.
                        { 8. 12 vend 6 p 14.

Art. 5. . . . . {
7. 12 pluv 93 p 218.
7. 2 flor 139 p 324.
7. 22 flor 149 p 343.
7. 24 ther 203 p 471.

Art. 7. . . . .   7. 24 ther 9 p 471.

Art. 8. . . . . {
7. 25 frim 67 p 151.
7. 28 vent 122 p 287.

Art. 9. . . . . {
7. 1er. brum 27 p 57.
7. 25 frim 67 p 151.
7. 19 germ 127 p 298.
7. 24 germ 130 p 305.
7. 28 flor 151 p 348.
7. 16 mess 182 p 420.
7. 24 ther 203 p 471.
8. 24 vend 9 p 21.

Art. 10. . . . .   7. 19 ger 127 p 298.

NOUVELLE LÉGISLATION.

Année 1789.

5 novembre. art. 8 . . . .   9. 2 vent 40 p 92.

———— art 9 . . . . {
10. 14 frim 34 p 86.
10. 28 flor 124 p 362.

14 décembre, art. 51 . . . .   9. 13 vend 6 p 11.

14 décembre. art 54, 56. . . . {
7. 9 brum 38 p 79.
7. 6 frim 54 p 120.
7. 19 pluv 99 p 231.
7. 24 pluv 102 p 235.
7. 11 ger 124 p 291.
7. 19 mess 184 p 424.
8. 17 vend 7 p 17.
8. 3 vent 70 p 149.
9. 1er. brum 13 p 26.
10. 11 mess 150 p 429.

Année 1790.

15 mars 1790. art. 36 . . . . . .   10. 20 fruct 171 p 507.
28 mars. art. 15 . . . .   7. 26 ger 137 p 318.

1er. mai. . . . .
8. 17 vend 8 p 18.
8. 26 vend 11 p 25.
8. 25 prair 109 p 242.
8. 14 mess 117 p 262.
8. 12 ther 124 p 275
9. 4 ger 52 p 126.
9. 3 ther 63 p 161.
9. 13 mess 99 p 259.
10. 21 brum 25 p 63.
10. 4 pluv 57 p 155.
10. 11 vent 75 p 210.
10. 22 flor 122 p 357.
10. 12 prair 135 p 390.

13 juin. art. 2 . . . . 9. 13 vend 6 p 11.

19 juillet 1790. art. 1, 2 . . . .
7. 9 mess 177 p 409.
10. 21 niv 50 p 134.

26 juillet 1790. . . . . 7. 8 niv 77 p 179.

26 juillet 1790. art. 6. . . . . . 7. 23 fruct 209 p 486.

Décret sur l'ordre judiciaire du 16 août 1790.

Tit. 1. art. 2. . . . . 10. 23 pluv 66 p 185.

Tit. 2. art. 14 . . . . 7. 22 brum 44 p 94.

Tit. 2. art. 10 . . . .
7. 28 vent 122 p 287.
7. 11 prair 163 p 376.
7. 24 prair 169 p 390.
8. 4 pluv 56 p 125.
9. 15 vend 8 p 15.
10. 24 niv 52 p 141.
10. 11 ger 93 p 263.

————— art. 12 . . . .
9. 12 vend 2 p 3.
10. 14 pluv 63 p 173.
10. 1er ger 87 p 247.

————— art. 13 . . . .
7. 24 vend 23 p 49.
7. 6 frim 55 p 121.
7. 25 ger 135 p 314.
7. 16 flor 147 p 340.
7. 21 flor 148 p 342.
7. 28 mess 191 p 441.
7. 17 ther 201 p 466.
8. 12 vend 5 p 13.
8. 1.er brum 14 p 13.

G

Décret sur la Justice de Paix, du 14 octobre 1790.

Décret sur l'Enregistrement du 5 décembre 1790.

ANNÉE 1791.

Décret relatif à l'Ordre judiciaire, du 6 mars 1791.

Art. 34	{ 9. 12 vend 2 pour 3.
	{ 10. 11 pluv 60 p 165.
15 mars. art. 10.	9. 2 vent 40 p 92.
20 mars. art. 3, 11, 18 . . .	10 11 vend 4 p 9.
27 mars	10 28 flor 124 p 362.
8 avril. art. 1er	8. 6 brum 21 p 49.
8 avril. art. 5	9. 14 vend 7 p 12.
10 avril. art. 3, 4. . . .	7. 23 niv 87 p 201.
13 avril. art. 24	9. 14 mess 104 p 271.
20 avril. art. 1er	8. 24 frim 39 p 90.
27 avril. art. 2, 3	8. 13 fruct 137 p 313.
25 mai. art. 10, 11	10. 22 frim 35 p 90.
27 mai. tit. 5. art. 5. . . .	{ 7. 2 niv 70 p 161.
	{ 7. 12 pluv 94 p 221.
7 juin. art. 1er	8. 14 vent 78 p 167.
13 juin. art. 86, 87	9. 2 vent 40 p 92.
13 juin. art. 87.	10. 14 frim 34 p 86.
17 juin. art. 1er	10. 10 germ 106 p 295.
17 juin. art. 87.	10 28 flor 124 p 362.
16 juillet	9. 11 vend 1 p 1.
22 juillet. tit. 1er. art. 47 . . .	10. 13 vent 86 p 241.
22 juillet. tit. 2. art. 31. . . .	8. 22 prair 108 p 242.
6 août. art. 1, 11	8. 21 ther 128 p 287.
6 août. art. 9	10. 25 niv 53 p 145.

Décret sur les Douanes, du 6 août 1791.

Tit. 2. art. 4	9. 11 flor 67 p 169.
———— art. 12.	9. 12 vend 3 p 6.
———— art. 18.	8. 6 ger 92 p 198.
———— art. 21. . . .	9. 11 flor 67 p 169.
Tit. 3. art. 1, 2	10. 30 ther 165 p 488.
———— art. 4.	7. 21 mess 186 p 428.
———— art. 8.	10. 30 ther 165 p 488.
———— art. 9.	8. 6 ger 92 198.
Tit. 3. art. 15	{ 8. 23 brum 23 p 54.
	{ 8. 28 niv 52 p 116.
	{ 8. 8 vent 75 p 161.

Tit. 3. art. 15 et 16 . . . . {7. 9 mess 175 p 404.
{7. 21 mess 186 p 428.

Tit. 5. art. 1 . . . . 10. 12 prair 135 p 319.

Tit. 10. art. 23 . . . . 9. 1er. ger 48 p 114.

Tit. 11. art. 3 . . . . 10. 7 flor 111 p 307.

Tit. 12. art. 5 . . . . 7. 7 brum 32 p 68.

Tit. 13. art. 20 . . . . 9. 11 flor 67 p 169.

—————— art. 37 , 38 . . . . 8. 13 mess 116 p 260.

7 septembre . . . . 10. 2 vend 1 p 1.

12 septembre. art. 1 , 2 . . . . . 7. 14 brum 41 p 85.

26 septembre. art. 1er . . . . . . {8. 14 frim 31 p 72.
{9. 11 flor 69 p 175.
{9. 13 prair 83 p 216.
{10. 4 niv 44 p 118.
{10. 4 niv 45 p 121.
{10. 12 ger 95 p 267.
{10. 12 prair 134 p 393.

—————— art. 3 . . . . {10. 4 niv 45 p 121.
{10. 12 ger 95 p 267.

6 octobre. tit. 2. art. 6, 11, 17 . 8. 22 prair 108 p 240.

6 octobre. tit. 2. art. 16 . . . . 8. 19 frim 39 p 84.

9 octobre. art. 14 . . . . 7. 11 brum 40 p 82.

9 octobre. art. 17 . . . . {8. 14 mess 117 p 262.
{10. 6 flor 109 p 302.

Année 1792.

18 janvier. art. 7 . . . . 7. 6 ther 196 p 453.

8 avril. art. 14 . . . . 10. 13 ger 97 p 271.

8 août. art. 8 . . . . 10. 26 ger 105 p 292.

20 août. tit. 2. art. 1 . . . . . 8. 29 niv 54 p 120.

20 août. tit. 3. art. 1 . . . . . {8. 24 prair 110 p 245.
{9. 11 vend 1 p 1.

20 août. art. 2 . . . . 8. 29 niv 54 p 120.

—————— art. 5. § dernier . . . . 10. 3 pluv 55 p 151.

—————— art. 7 . . . . 7. 26 ger 137 p 318.

—————— art. 9 . . . . 7. 14 niv 82 p 190.

25 août. art. 18, 19 . . . . . . 10. 21 niv 50 p 134.

ANNÉE 1793.

9 mai. art. 3. . . . . 7. 28 fruct 212 p 491.

4 Juin. . . . . {7. 24 prair 169 p 390.
8. 4 pluv 56 p 125.
10. 4 niv 43 p 113.
10. 7 fruct 166 p 491.

Loi sur le partage des biens communaux, du 10 juin 1793.

An 2.

3 brumaire. art. 7 . . . .
{ 7. 3 brum 30 p 62.
8. 26 vend 11 p 25.
9. 23 frim 27 p 56.
9. 14 niv 31 p 65.
9. 12 mess 96 p 250.
10. 22 pluv 65 p 181.

3 brum. art. 9 . . . . 7. 8 brum 35 p 73.

3 brumaire. art. 10 . . . .
{ 7. 2 niv 71 p 163.
7. 14 niv 81 p 188.
8. 4 frim 26 p 64.
8. 27 vent 84 p 176.

5 brumaire. art. 9 . . . . 10. 1er. flor 107 p 297.

Loi sur les Enfans naturels, du 12 brumaire an 2.

Art. 1er . . . .
{ 7. 6 vend 7 p 15.
7. 19 vend 16 p 34.
7. 34 prair 169 p 390.
8. 4 pluv 56 p 125.
8. 13 pluv p 132.
9. 5 niv 29 p 60.
10. 4 niv 43 p 113.
10. 7 fruc 166 p 493.

Art. 2 . . . . 9. 5 niv 29 p 60.

Art. 8 . . . .
{ 7. 19 vend 16 p 34.
8. 14 ther 126 p 283.
10. 4 niv 43 p 113.
10. 7 fruct 166 p 493.

Art. 9 . . . . 7. 27 mess 190 p 438.

Art. 10 . . . .
{ 7. 6 vend 7 p 15.
7. 19 vend 16 p 34.
7. 24 prair 169 p 390.
8. 4 pluv 56 p 125.
10. 4 niv 43 p 113.
10. 7 fruct 166 p 493.

Art. 11, 12, 13 . . . . 7. 6 vend 7 p 15.

Art. 13 . . . .
{ 9. 5 niv 29 p 60.
10. 4 niv 43 p 113.

Art. 14 . . . . 9. 5 niv 29 p 60.

Art. 16 . . . .
{ 7. 27 mess 190 p 438.
8. 12 pluv 60 p 132.

Loi sur l'actif affecté aux Fabriques et à l'acquit des Fonda-
tions, du 13 brumaire an 2.

Art. 1er.	8. 14 frim 31 p 72.
	9. 13 prair 83 p 216.
	10. 4 niv 45 p 131.
	10. 24 pluv 67 p 186.
	30. 12 prair 134 p 392.
Art. 2.	7. 1 vent 107 p 246.
	10. 24 pluv 67 p 186.
	10. 12 ger 95 p 267.
Art. 3.	8. 14 frim 31 p 72.
	9. 13 prair 83 p 216.
	10. 24 pluv 67 p 186.
	10. 12 ger 95 p 267.
	10. 24 pluv 67 p 186.
1er. frimaire	10. 11 pluv 58 p 158.
1er. frimaire. art. 1	7. 11 vend 9 p 20.

Loi du 17 nivose.

Art. 1er	9. 2 ther 116 p 299.
Art. 8, 9	9. 23 mess 111 p 288.
Art. 9	7. 14 mess 179 p 413.
Art. 17	8. 23 prair 111 p 247.
Art. 24	7. 26 vend 24 p 51.
Art. 26	8. 28 vent 87 p 183.
Art. 61, 69	8. 22 vent 81 p 171.
Art. 77	10. 13 flor 114 p 314.
Art. 77, 78, 79, 80, 81, 82, 83, 84, 85, 86, 87	7. 28 mess 193 p 445.
28 niv. art. 1er	8. 3 prair 105 p 232.
22 vent rep. 48	8. 23 prair 111 p 247.
4 germinal	10. 3 brum 17 p 43.
4 germ. art. 4	8. 4 germ 89 p 189.
	8. 21 flor 100 p 216.
4 germ. art. 10, 13	8. 1er. fruct 132 p 298.
4 germ. tit. 2. art. 2	9. 11 flor 67 p 169.
—— tit. 6. art 17	10. 1er. ger 87 p 247.
—— tit. 7. art. 5	9. 11 flor 67 p 169.

4 germinal. tit. 13. art. 12. . . . . .   10. 7 fruct 167 p 495.
6 germinal. . . . .   10. 22 vend 12 p 51.
24 germinal . . . .   7. 2 brum 26 p 58.

An 3.

9 frimaire. Belgique. *Arrêté des*
représ. du peuple. art. 45 , 46.   8. 24 frim 37 p 86.
17 frimaire. art. 5, 9. . . . . . .   10. 1er. vent 68 p 188.
6 nivose. . . . .   10. 8 flor 112 p 310.
1er. floréal. art. 112. . . . . . .   10. 14 niv 48 p 129.
22 floréal. art. 18, 21 . . . . . .   10. 21 flor 119 p 326.
8 prairial. art. 6. . . . .   7. 9 mess 175 p 404.
25 messidor. art. 2. . . . .   { 7. 19 vend 19 p 39.
                                 { 7. 21 brum 48 p 92.
2 thermidor. art. 8 . . . .   7. 24 ger 133 p 310.
2 thermidor. art. 10, 11 . . . . .   9. 3 flor 64 p 163.
6 thermidor. art. 1er. . . . . . .   { 8. 3 brum 16 p 36.
                                 { 8. 18 ger 95 p 205.
                                 { 10. 13 ger 98 p 275.
6 thermidor. art. 1, 2. . . . . . .   9. 12 mess 96 p 250.
28 thermidor. ordre du jour. . .   { 8. 6 ger 91 p 195.
                                 { 10. 11 plur 58 p 158.
28 therm. ordre du jour . . . .   8. 19 plur 64 p 138.
1er. fructidor. . . . .   7. 18 prair 165 p 381.
3 fructidor. art. 2 , 4. . . . . . .   8. 28 niv 52 p 116.
7 fructidor. art. 1er . . . .   7. 22 mess 187 p 432.
7 fructidor. art. 1 , 2 , 4. . . . .   9. 1er. fruct 126 p 330.
9 fructidor. . . . .   { 7. 5 vend 5 p 9.
                                 { 7. 26 vend 24 p 51.

Loi sur les Douanes du 14 fructidor an 3.

Art. 1er. . . . .
Art. 1 . 2 . . . .   9. 13 mess 98 p 256.
                                 8. 23 brum 23 p 54.
Art. 2. . . . .   { 8. 6 vend 2 p 3.
                                 { 8. 7 brum 18 p 41.
                                 { 8. 14 vent 77 p 166.

Att. 4. . . . . 9. 13 mess 98 p 256.
Art. 5. . . . . 8. 14 vent 77 p 166.

Art. 6. . . . .
{ 7. 1er. mess 171 p 394.
8. 4 vend 1 p 1.
8. 19 fruct 35 p 82.
8. 14 niv 48 p 108.
9. 3 mess 92 p 240. }

Art. 10. . . . . 10. 3 vent 73 p 205.
Art. 11. . . . . 8. 7 brum 18 p 41.
14 fructidor an 3. . . . . 10. 7 fruct 167 p 495.

16 fructidor . . . .
{ 7. 24 vend 23 p 49.
7. 25 ger 135 p 315.
7. 16 flor 147 p 340.
7. 21 ther 198 p 342.
7. 17 ther 201 p 466.
8. 1er. brum 14 p 31.
8. 17 frim 34 p 80.
8. 13 pluv 62 p 135.
8. 5 ger 90 p 193.
10. 1 flor 108 p 299.
10. 21 flor 119 p 326.
10. 29 flor 126 p 372.
10. 11 mess 151 p 430. }

21 fructidor. art 27 . . . . 9. 12 frim 24 p 49.
22 fructidor . . . . 10. 21 flor 119 p 326.
25 fruct. tit. 1. art. 8. . . . . . . 8. 21 brum 22 p 52.

Constitution de l'an 3.

Constitution . . . . 8. 24 prair 109 p 243.
Art. 144. . . . . 8. 17 frim 33 p 77.
Art. 189. . . . . 9. 3 vent 41 p 99.
Art. 200. . . . . 9. 4 frim 23 p 43.

Art. 202. . . . .
{ 7. 6 vend 7 p 15.
7. 12 vend 12 p 26.
7. 24 vend 21 p 44.
7. 8 brum 34 p 71.
7. 8 brum 35 p 73.
7. 22 vent 118 p 278.
7. 8 flor 143 p 333. }

A n 4.

Loi sur l'abolition de la rétroactivité , du 3 vendémiaire, en 4.

19 vend. art 20	7. 18. vend 14 p 31..
	7. 19 vend 17 p 37.
	7. 3 brum 29 p 60.
	7. 24 frim 66 p 150.
	8. 13 pluv 61 p 133.
	8. 7 vent 71 p 151.
19 vend. art. 27	7. 27 mess 188 p 434.
19 vend. art. 28	8. 6 frim 29 p 69.
23 vend.	8. 24 prair 109 p 242.
2 brumaire.	9. 4 frim 21 p 41.
2 brum. art. 3.	10. 11 vend 4 p 9.
	8. 22 ther 229 p 293.
2 brum. art. 24.	7. 8 n.v 78 p 181.
3 brum. art. 2.	10. 15 flor 115 p 316.
	7. 28 flor 151 p 348.

Code des délits et des peines , du 3 brumaire an 4.

Art. 8	7. 22 mess 187 p 432.
Art. 151 , 153.	7. 17 niv 83 p 192.
Art. 153, 154	10. 11 ger 94 p 265.
Art. 533, 534, 535, 536. . . .	7. 8 brum 45 p 73.
Art. 565.	7. 19 mess 185 p 425.
Art. 605.	7. 17 niv 83 p 192.
Art. 644	7. 19 mess 185 p 425.
4 brumaire	8. 3 niv 44 p 101.
4 brum. art. 6.	10. 21 flor 119 p 326.
2 frim. *Ar. des représ. du peuple dans la Belgique. tit. 14. art. 33.*	9. 11 ger 53 p 129.
12 frimaire.	7. 19 vend 19 p 39.
12 frim. art. 1.	7. 19 ger 129 p 302.
12 frim. art. 1 , 2.	9. 21 niv 33 p 70.
28 frim. *Ar. des représ. du peuple dans la Belgique. art. 5* . . .	8. 21 flor 100 p 216.
———————— art. 13 . . .	9. 12 mess 97 p 254.
19 nivose art. 2.	10. 22 flor 122 p 357.
	10. 16 mess 152 p 433.
11 pluviose art. 1.	8. 22 prair 108 p 240.
9 ventose. art. 1 , 2.	7. 8 vent. 112 p 262.
25 vent. art. 1 , 2 , 3.	7. 19 mess 185 p 425.

8 germinal. art. 1 , 2, 3	7. 19 mess 185 p 425.
15 germinal	10. 11 vend 4 p 9.
15 germinal. art. 2	8. 11 plur 58 p 129.
15 germinal. art 12	7. 19 ger 129 p 302.
9 messidor. art. 2.	7. 24 ger 133 p 310.
6 thermidor. art. 1,2.	7. 12 vend 12 p 26.
14 thermidor. art. 2, 3.	10. 4 niv 41 p 109.
14 thermidor. art. 3.	{ 7. 18 vend 13 p 29. 9. 11 flor 70 p 177.
14 thermidor. art. 4.	10. 4 niv 41 p 109.
14 thermidor. art. 7.	{ 9. 23 vent 47 p 112. 9. 4 mess 93 p 241.
15 thermidor. art. 2, 4.	7. 27 mess 190 p 438.
6 fructidor. art. 2	7. 3 niv 73 p 167.
——————— art. 17.	7. 7 vent 111 p 259.
——————— art. 19.	7. 6. frim 56 p 122.
6 fruct. *Tarif.* 1°. classe	7. 22 brum 46 p 98.
15 fructidor. art. 6	{ 7. 1er. vent 104 p 241. 7. 1er. vent 105 p 343. 7. 24 ger 134 p 313. 7. 14 mess 180 p 416. 7. 14 mess 181 p 418. 7. 16 mess 183 p 422.
16 fructidor. art. 17.	9. 2 plur 34 p 72.
21 fructidor	8. 2 niv 43 p 99.

An 5.

29 vendémiaire. art. 1.	7. 12 ther 197 p 456.
29 vendémiaire. art. 3.	7. 9 flor 145 p 337.
10 brumaire. art. 5	{ 7. 6 prair 157 p 364. 8. 11 vend 4 p 10.
10 brumaire. art. 13.	7. 29 brum 51 p 109.
9 frimaire. art. 1er	7. 6 frim 56 p 122.
9 frimaire. art. 5	7. 3 niv 73 p 167.
18 pluv. art. 1er	{ 7. 5 vend 5 p 9. 9. 23 mess 111 p 285. 10. 22 vend 13 p 34.
22 vent. *Arr. du Direct. exéc.* .	7. 2 flor 139 p 324.
24 vent. art 1, 2	{ 7. 3 mess 173 p 398. 7. 28 mess 192 p 443.
28 germinal. art. 1er.	8. 21 flor 69 p 214.

30 germinal. art. 16 . . . . {8. 7 vent 71 p 151.
{9. 4 frim 21 p 41.
9. 13 mess 100 p 262.

7 nivose. . . . . 10. 2 vend 1 p 1.
5 messidor. art. 1 . . . . 10. 13 vent 78 p 218.
9 fructidor. . . . . 10. 11 vend 4 p 9.
9 fructidor. art. 5 . . . . 9. 3 flor 64 p 163.
13 fructidor. art. 1 , 2 , 6 . . . . . 7. 17 frim 62 p 140.

13 fructidor. art. 3 . . . . {7. 29 mess 194 p 449.
{8. 29 niv 55 p 122.
9. 13 vend 5 p 9.

15 fructidor. art. 6 . . . . 10. 1 ther 156 p 453.

A n 6.

Loi sur les Dépenses de l'an 6 , du 9 vendémiaire an 6.

Art. 16 . . . . {9. 23 vent 47 p 112.
{9. 4 mess 93 p 241.

Art. 21 . . . . 10. 4 frim 32 p 81.

Art. 24 . . . . {9. 22 vend 10 p 20.
{9. 3 ther 117 p 302.

Art. 26 , 30 . . . . 7. 2 vent 108 p 250.

Art. 30 . . . . {9. 24 ger 60 p 153.
{9. 11 flor 70 p 177.
10. 4 niv 41 p 109.

Art. 30. §. 1er . . . . 10. 4 niv 42 p 111.

Art. 33 . . . . {8. 21 flor 98 p 212.
{9. 14 mess 101 p 265.

Art. 38 . . . . 8. 5 frim 27 p 65.
Art. 44 . . . . 8. 1 vent 68 p 144.
Art. 56 , 60 . . . . 9. 13 mess 98 p 256.
Art. 56 , 60 , 61 . . . . 10. 13 vent 83 p 233.
Art. 68 . . . . 10. 13 vend 7 p 18.

Art. 69 , 70 . . . . {8. 15 vent 80 p 170.
{10. 13 vend 7 p 18.
{10. 18 prair 138 p 402.
{10. 18 prair 139 p 405.

Art. 71 , 72 . . . . 8. 15 vent 80 p 170.

Art. 95 . . . . {7. 18 vent 116 p 273.
{7. 18 prair 164 p 379.

19 vendémiaire. art. 1 . . . . . . 7. 21 mess 186 p 428.
19 vendémiaire. art. 3 . . . . . . 8. 28 niv 52 p 116.

Loi du 11 frimaire an 6, relative au mode de remboursement des obligations contractées pendant la dépréciation du papier-monnaie.

16 niv. art. 1 . . . .   8. 15 niv 49 p 111.
16 nivose. art. 2 . . . .   10. 1er. ther 156 p 453.
——————art. 5 . . . .   8. 11 pluv 58 p 129.
——————art. 10 . . . .   { 7. 16 fruct 207 p 482.
                                  { 9. 13 ger 56 p 139.
——————art. 22 . . . .   10. 2 ther 159 p 465.
16 niv. n°. 1651. art. 2, 3 . . . . .   10. 29 flor 125 p 367.
——————art. 2, 3, 6 . .   10. 7 fruct 169 p 499.
16 niv. tit. 1. art. 10 . . . .   8. 4 mess 112 p 251.
16 nivose . . . .   10. 11 vend 4 p 9.
                                    { 7. 14 vent 115 p 270.
                                    { 7. 3 flor 141 p 329.
29 niv. art. 1 . . . .   { 7. 6 prair 157 p 364.
                                    { 7. 29 fruct 213 p 494.
                                    { 8. 11 vend 4 p 10.
13 pluviose. art. 7 . . . .   9. 3 frim 20 p 39.
——————art. 7, 8 . . . . .   9. 24 ther 125 p 327.
——————art. 10 . . . .   9. 21 flor 76 p 193.
——————art. 13 . . . .   9. 23 ther 124 p 324.
2 ventose. art., 1, 2, 4 . . . . .   7. 27 mess 190 p 438.
15 germinal. tit. 1. art. 2, 3 . .   10. 23 brum 27 p 69.
15 germinal. tit. 2. art. 1 . . . . .   { 7, 3 mess 173 p 398.
                                    { 7. 28 mess 192 p 443.
8 flor. art. 1, 2, 3, 4, 5, 7, 8, 11.   9. 3 brum 14 p 28.
8 flor. art. 1, 2, 3, 4, 5, 8, 11.   10. 21 ger 101 p 280.
9 flor. art. 4 . . . .   8. 27 niv 51 p 115.
19 flor. art. 1, 8 . . . .   7. 22 vent 118 p 278.
4 prair. art. 1 . . . .   7. 5 prair 155 p 360.
4 prair. art. 1 . . . .   7. 18 frim 65 p 147.
26 prair. art. 1 . . . .   9. 23 ther 124 p 324.
4 messid. art. 1 . . . .   8. 24 frim 39 p 90.
4 messid. art. 1, 2 . . . .   8. 7 vent 72 p 153.
17 thermid. art. 1, 2 . . . .   10. 3 vent 71 p 199.
17 thermid. art. 5 . . . .   8. 23 brum 23 p 54.
27 thermid. art. 12 . . . .   10. 23 niv 51 p 137.
——————art. 14 . . . .   8. 15 niv 49 p 111.
——————art. 19, 20 . . . . .   10. 23 niv 51 p 137.

AN 7.

1 brumaire. art. 37 . . . .   8. 7 vent 73 p 157.
1er. brum. art. 4, 37 . . . .   9. 21 ther 123 p 322.
11 brum. ch. 1. art. 1, 2, 4, 17.   10. 27 fruct 174 p 522.

Loi sur l'Enregistrement, du 22 frimaire an 7.

28 pluviose. art. 3 . . . .   10. 22 flor 122 p 357.

A n 9.

7 mensid. *Arrêté des Consuls.* .   10. 16 mess 152 p 433.